国家社科基金重大项目"日本馆藏中国共产党新闻宣传史料整理与研究
（1921-1945）"，2021-2025，21&ZD323

经管文库·管理类

前沿·学术·经典

电商平台在线评论的
影响研究

THE EFFECT OF ONLINE REVIEWS ON
E-COMMERCE PLATFORMS

王　潞　著

经济管理出版社

ECONOMY & MANAGEMENT PUBLISHING HOUSE

图书在版编目（CIP）数据

电商平台在线评论的影响研究 / 王潞著. -- 北京：
经济管理出版社，2024. 6. -- ISBN 978-7-5096-9744-3

Ⅰ．F713.55

中国国家版本馆 CIP 数据核字第 2024AD7348 号

组稿编辑：赵天宇
责任编辑：赵天宇
责任印制：许　艳
责任校对：蔡晓臻

出版发行：经济管理出版社
　　　　　（北京市海淀区北蜂窝 8 号中雅大厦 A 座 11 层　100038）
网　　　址：www. E-mp. com. cn
电　　　话：（010）51915602
印　　　刷：北京晨旭印刷厂
经　　　销：新华书店
开　　　本：720mm×1000mm/16
印　　　张：11
字　　　数：196 千字
版　　　次：2024 年 6 月第 1 版　　2024 年 6 月第 1 次印刷
书　　　号：ISBN 978-7-5096-9744-3
定　　　价：88.00 元

前　言

　　数字经济已经成为推动现代经济发展的重要模式，在数字经济的发展中，电子商务占据了重要的地位。为了充分发挥海量数据优势和丰富在线应用场景，电商平台不断优化其在线评论系统以完善顾客的在线服务体验。当前，一些电商平台增加顾客回复功能，满足了顾客基于评论内容交流和情感互动的需求。顾客回复是一种基于在线评论的顾客间互动方式，这种方式会影响顾客的服务体验和感知评论有用性，同时也给电商企业管理在线服务带来了新挑战。尽管顾客回复功能已被电商平台积极采纳且影响广泛，但是目前对顾客回复的研究还较为缺乏。因此，有必要探究基于在线评论的顾客回复这一新型互动功能的影响，以帮助电商企业利用该互动功能满足顾客需求和提升企业竞争力。本书以在线评论中的顾客回复为研究对象，采用在线评论数据和计量模型进行实证研究，从顾客间互动行为和互动内容两个角度探究了顾客回复对后续顾客评论行为的影响，具体研究内容和创新点如下：

　　首先，本书研究了顾客回复行为对评论数量的影响。根据社会学习理论和强化理论，提出顾客回复行为会提高后续顾客评论数量的理论假设，并利用在线评论数据和双重差分模型进行实证检验。研究发现，顾客回复行为对后续顾客的评论数量有积极影响，且可见性是顾客回复行为影响后续顾客评论数量的前提条件。此外，顾客回复的数量和频率也都对后续顾客评论数量有积极影响。具体而言，当后续顾客观察到的顾客回复越多，其发布的评论数量也会更多。本书对在线评论中顾客回复的影响进行了创新性探索，拓展了在线评论和顾客间互动的相关研究领域。

　　其次，本书探究了顾客回复行为对评论评级的影响。本书基于社会压力理论提出了顾客回复行为会影响后续顾客评论评级的理论假设，并利用平台间识别策略和平台内识别策略对该假设进行了检验。研究发现，顾客回复行为会提高后续顾客的评论评级，而且评论评级和回复及时性会调节顾客回复对后续顾客评论评级的影响。具体而言，顾客回复正面评论和中性评论对后续顾客评论评级有积极影响，而顾客回复极端负面评论则会降低后续顾客评论评级，并且顾客回复得越及时，其对后续顾客评论评级的影响就越积极。本书验证了在线评论中顾客回复与后续顾客评论评级行为之间的影响，补充了影响顾客评论评级行为的相关理论。

最后，本书分析了顾客回复情感对评论评级的影响。本书利用情感分析方法对顾客回复内容的情感进行划分，并基于一致性理论构建了顾客回复和初始评论之间的情感不一致影响后续顾客评论评级的理论假设。通过在线评论数据和可见性识别策略进行了实证检验，本书发现顾客回复情感不一致会影响后续顾客的评论评级。此外，评级方差、回复时效性和企业类型也会调节顾客回复情感不一致对于后续顾客评论评级的影响。本书证明了顾客回复情感不一致对后续顾客评级行为的影响，对顾客间互动内容的影响进行了创新性探索，推动和丰富了在线评论中情感分析的研究体系。

本书通过识别在线评论中的顾客回复对后续顾客评论行为的影响，丰富了服务接触领域的实证研究，拓宽了在线评论的研究视角，扩充了顾客间互动影响的研究范围，并构建和验证了顾客间互动影响评论行为的理论体系。同时，本书也为企业管理在线评论系统、优化平台互动功能、引导顾客评论行为提供了实践指导，有助于提高顾客参与度和促进电商平台的发展。因此，本书的研究成果具有重要的理论意义和实践价值。

目　录

第一章　绪　论

第一节　研究背景

一、现实背景

数字经济发展速度之快、辐射范围之广、影响程度之深前所未有，正在成为重组全球要素资源、重塑全球经济结构、改变全球竞争格局的关键力量。在此过程中，习近平总书记强调"充分发挥海量数据和丰富应用场景优势，促进数字技术和实体经济深度融合，赋能传统产业转型升级，催生新产业新业态新模式，不断做强做优做大我国数字经济"[①]。《中华人民共和国国民经济和社会发展第十四个五年规划和2035年远景目标纲要》也提出"打造数字经济新优势"[②]。电子商务作为数字经济的重要组成部分和主要应用场景之一，为数字经济的发展提供了新的增长点和动力，推动了经济的快速发展[1]。随着互联网技术的不断发展和普及，电子商务已经成为了人们消费和购物的主要途径[2]。据统计，截至2023年，全球互联网用户数量达到53亿[③]，电子商务零售额达6.3万亿美元[④]。图1-1展示了全球电子商务的发展规模和速度。根据中国互联网络信息中心（China Inter-

---

① 资料来源：《不断做强做大我国数字经济》。
② 资料来源：《"十四五"规划和2035年远景目标纲要》。
③ 资料来源：《2023全球互联网用户情况概述》。
④ 资料来源：《2023年全球电商平台报告》。

net Network Information Center，CNNIC）发布的第 53 次《中国互联网发展状况统计报告》[①]，截至 2023 年 12 月，我国在线购物用户规模已达 9.15 亿，占总网民人数的 83.8%。

（亿人）

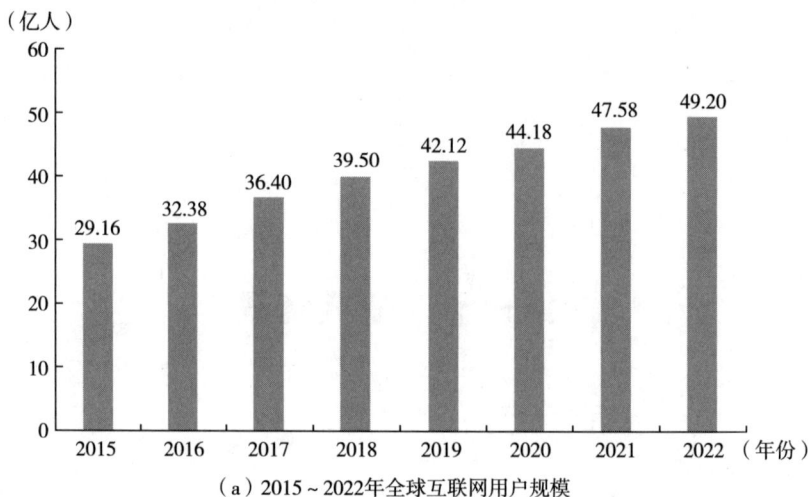

（a）2015～2022年全球互联网用户规模

（万亿美元）

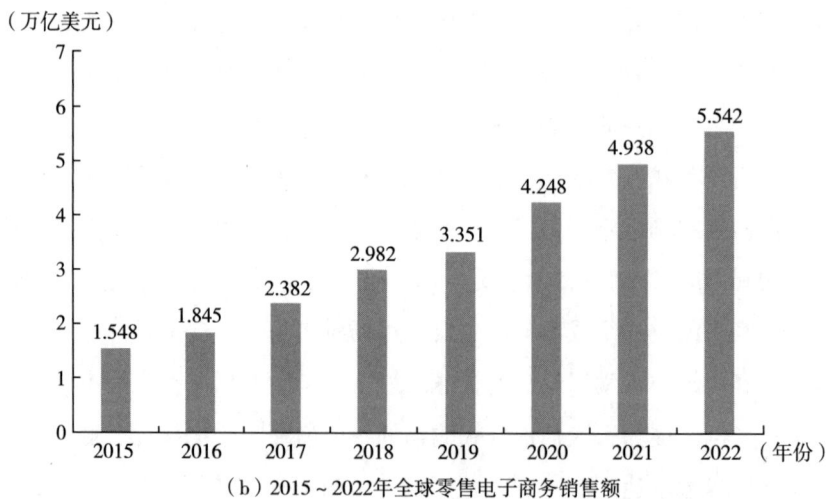

（b）2015～2022年全球零售电子商务销售额

图 1-1 全球电子商务发展趋势

---

① 第 53 次《中国互联网络发展状况统计报告》。

随着电子商务的崛起和快速发展，在线购物成为了大多数顾客日常消费的重要途径[3]。在线购物突破了传统线下购物在时间和空间上的限制，为顾客提供了方便和快捷的购物体验。然而，由于商品和顾客分离的在线虚拟性和交易非同步性，顾客的在线购物过程面临了较大的风险[4,5]。一方面，顾客无法通过直接触摸来感受商品的特性和品质。另一方面，企业发布的营销信息往往夸大了服务和产品的质量，难以帮助潜在顾客客观地了解所要购买的商品质量。这些因素将导致顾客面临较高的信息不对称和感知不确定性等风险[6,7]。为了缓解在线购物过程中的感知风险，电商平台相继推出了在线评论系统，使已购买的顾客可以通过发布在线评论来表达对产品和服务的使用感受和评价[8]。相较于企业发布的商品信息，顾客更信赖在线评论（Online Reviews）[9,10]。

根据中国网络购物市场研究报告可知，顾客在做出购买决策前，对在线口碑（Online Word-of-Mouth）的关注已经超过对商品价格、企业声誉等的关注（见图1-2）。CNNIC最近的调查结果也显示，92%的顾客在决定是否购买之前，会在网上搜索相关商品的在线评论①。在线评论已经成为顾客获取商品信息、降低感知风险和做出购买决策的重要依据[11-14]。在线评论除了对顾客的购买决策有影响，还会直接影响到企业绩效[15-17]。此外，企业还可以利用在线评论提取顾客需求进行产品改进和营销设计[18-20]。在本书中，在线评论是指顾客发布在电商平台上的关于产品评价且包含星级的在线口碑。可以说，在线评论在顾客效用最大化和企业价值捕获方面发挥着越来越重要的作用。

为了充分发挥和利用在线评论的优势，电商平台不断优化其在线评论系统，以提高顾客的信息获取和购买决策效率。目前，电商平台正在逐步增加社交互动功能，以完善其在线评论系统的功能和使用体验。早期，为满足电商企业管理在线评论的需求，淘宝、大众点评等电商平台推出了"商家回复"功能，使管理者可以通过直接回复评论的手段达到管理评论的目的，该互动行为被学者们称为商家回复（Managerial Responses）[21,22]。随后，为了更全面、更真实地反映顾客购后体验和丰富评论内容，电商平台增加了"追加评论"功能，允许焦点顾客在初次发布评论后，还可以在一定时间内对所购买商品进行再次评价[23,24]。追加

① 第53次《中国互联网络发展状况统计报告》。

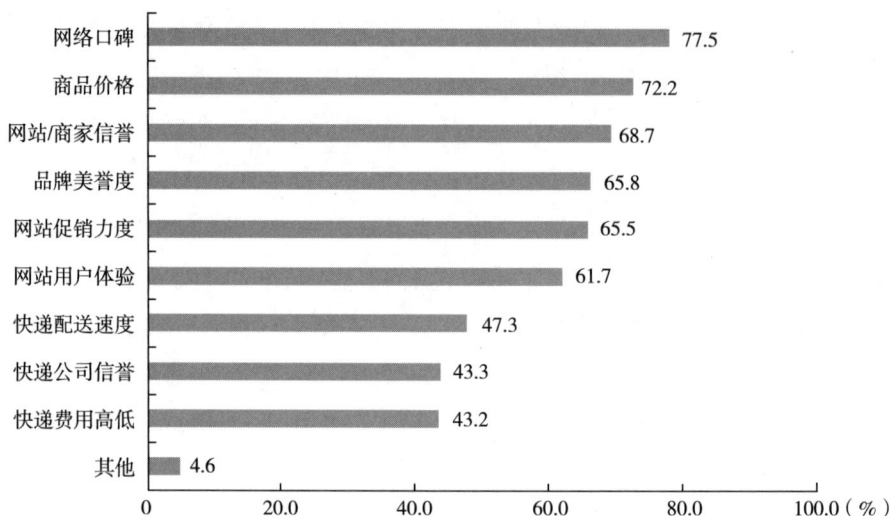

图 1-2　在线购物时顾客主要考虑的因素

资料来源:《2015 年中国网络购物市场研究报告》。

评论既是对初始评价的补充，也是对产品体验后的一种反馈。随着社交需求的进一步发展，为了更好地完善顾客在线体验，电商平台引入了"回复"功能，使除管理者和焦点顾客之外的其他顾客可以通过"回复"按钮在浏览在线评论的过程中进行情感和信息交流。本书将该功能称为"顾客回复在线评论"（Customer Responses to Online Reviews），简称顾客回复，是一种基于在线评论的顾客间互动（Customer-to-Customer Interactions）的表现形式。图 1-3 展示了在线评论系统现有的互动功能。

顾客回复功能的引入使在线评论系统中的评论信息从单一传播转变成了双向沟通和反馈（见图 1-4），该功能使顾客不仅能阅读和发布在线评论，而且实现了基于在线评论进行信息沟通和情感互动，如提问商品信息或陈述自己对商品的态度和意见。同时，顾客回复不仅是基于在线评论的顾客间互动方式，也是一种对在线评论内容的评价，可以增加评论信息的丰富度，提高顾客对评论的感知有用性[10,11]，提高购买决策效率[4,5]。可以看出，顾客回复功能是在线评论系统中的一项重要改进，不仅影响顾客的服务体验，还能促进顾客的购买决策效率。目前，各种电商平台（如淘宝、拼多多、大众点评等）均已上线该互动功能，证明了其在促进信息交流和提高购买决策效率方面的重要作用。

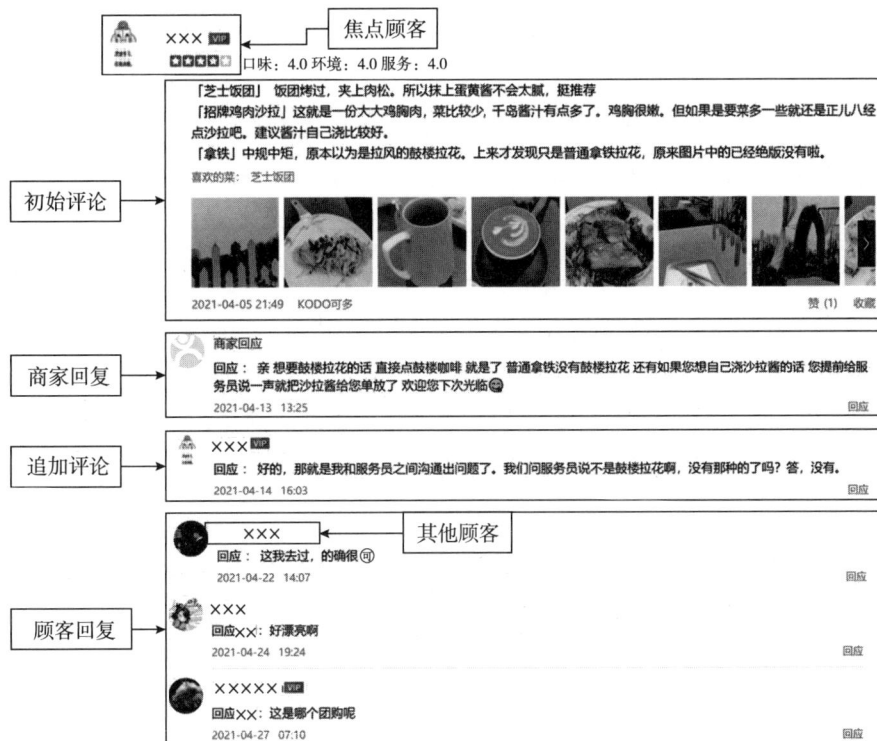

图 1-3 在线评论系统的互动示意图

注：本书将发布初始评论的顾客称为焦点顾客。

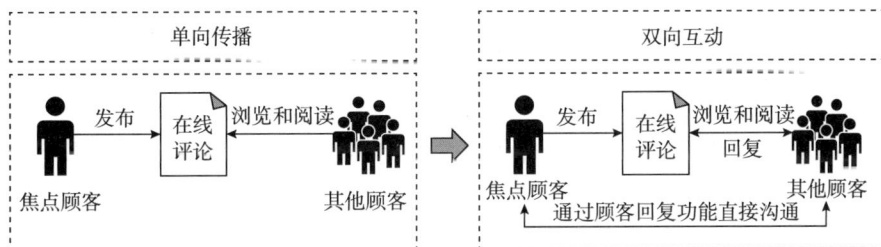

图 1-4 基于在线评论的互动示意图

顾客回复功能有助于顾客做出购买决策，同时也会给电商企业制定管理策略带来新的挑战和压力。一方面，顾客回复会影响顾客的在线服务体验，增加了企业管理在线服务的内容。顾客回复的影响源于互动，顾客间的互动可以直接影响顾客的服务体验和价值创造[25-28]。此外，顾客阅读包含其他顾客回复的评论时，不仅要关注初始评论，同样要关注其他顾客的回复，初始评论和顾客回复作为一个评论整体，会影响顾客的感知。因此，企业需要关注顾客回复并将其纳入在线服务管理体系中；另一方面，顾客回复增加了评论内容的丰富度和动态性，提高了企业管理在线评论的复杂性。顾客回复不受评论时间和评论者身份的影响，任何顾客在任何时刻都可以利用顾客回复功能进行基于初始评论的互动和交流。这会导致初始评论和顾客回复组成的评论信息在不同的时间段呈现不同的内容。因此，顾客回复不仅丰富了评论信息，而且推动了评论内容动态性特征的出现[24]。评论内容的动态性对企业管理策略提出了动态性管理的挑战。

当前，随着顾客回复功能在各个电商平台的广泛使用，包含顾客回复的评论数量也呈逐年增长之势。然而，已有研究主要集中在对初始评论的探究，对于顾客回复所扮演的角色以及其影响机制的研究相对较为薄弱。了解顾客回复的影响范围，管理和利用该互动功能，对于企业更好地管理在线评论、提升顾客体验、增加品牌价值、实现企业利益最大化具有重要的意义。因此，探究基于在线评论的顾客回复的影响具有重要的学术价值和实践意义。

二、理论背景

服务接触是顾客了解商品信息和完成服务传递的重要场景，会直接影响顾客的服务体验和购买决策[29]。在服务接触过程中，顾客不仅会与服务提供者互动，还会与其他顾客互动[30,31]，这就使顾客间互动成为服务接触中的必不可少的组成部分[32-34]。而且，随着服务主导逻辑的提出，顾客在服务过程中的地位和角色被重新定义，即强调服务是在互动过程中产生和传递的，顾客不仅是服务价值的接受者，还是共创者和参与者[35]。基于此，很多学者提出要突破传统服务接触的顾客与服务提供者的二元视角，从顾客与顾客互动等多方互动的视角来探究影响顾客服务体验的因素[36,37]。研究表明，顾客间互动能显著影响顾客的服务体验[26,38,39]、价值创造[27,40]和品牌忠诚[41]。因此，随着理论和实践的发展，顾客间互动作为影响顾客服务体验的关键因素，开始受到学术界的广泛关注。

考虑到服务接触中顾客间互动的重要性和必要性，学者们对其影响进行了广泛的探究。受限于技术因素，早期的学者主要探究了线下"面对面"场景的顾客间互动的影响，如酒店、餐厅、飞机航班以及游乐场[26,38,42-44]，并形成了较为成熟的框架和体系，认为顾客间互动不仅会通过特定的人际互动影响顾客，还可以通过成为环境的一部分而间接地产生影响[39,43]。随后，得益于信息技术和社交媒体的发展，在线顾客间互动日益频繁。且相较于线下场景，在线场景中的顾客间互动的频率远远高于顾客与企业的互动。在此背景下，学者们开始重视在线顾客间互动的影响。

尽管现有研究从不同角度分析了在线顾客间互动的影响，但是仍具有一定的局限性。一方面，当前的研究主要关注的是在线顾客间互动对于参与互动的顾客的影响[41,45,46]，而较少地关注在线互动的公开性特征带来的外部性影响。在线顾客间互动的场景不同于线下场景，互动过程对任何顾客公开可见，且被长久保存。在线顾客间的互动不仅会影响到参与互动的顾客，还会影响到不参与互动但能观察到互动的后续顾客。前者是内部性影响，后者是外部性影响。而且，在线互动基于信息长期的公开性，可以持续地对后续顾客产生影响[22]。因此，有必要深入探究在线顾客间互动的外部性影响，以便更全面地理解在线互动的影响机制。

另一方面，当前学术界对于在线顾客间互动的研究大多集中在社交平台和品牌社区中的顾客间互动[45-47]，较少有学者关注在线顾客间互动的另一大场景——电商平台。受限于平台构建等技术水平的限制，早期的电商平台以买卖双方的购物行为为主导，较少凸显顾客之间的互动功能。这也是大多数电商平台的用户被认为是被动地评论阅读者的根本原因[48]。然而，随着电商平台朝着更加社交化和互动化的趋势发展，阅读在线评论的顾客和发布在线评论的顾客可以通过顾客回复功能直接进行互动，这为探究基于在线评论的顾客间互动提供了可能性。此外，考虑到不同的服务接触场景有不同的服务特征和顾客群体，有必要对在线评论中的顾客间互动进行关注和分析。

在线评论作为影响顾客购买决策的重要因素[11-14]，已经被学者们从多个角度进行了分析，但是现有研究仍存在一些不足。一方面，学者们主要从"单向传播"的视角分析在线评论的作用结果[8,11,17,49]和影响因素[14,15,50]，而鲜有从"双向互动"的视角进行研究。较少有学者将视角聚焦于在线评论中的顾客间互动。另一方面，对评论回复的研究不够完善，大多数学者关注商家回复和追加评论的影响[22-24,51,52]，但较少有学者将视角聚焦于在线评论中的顾客回复。

综上所述，目前基于在线评论的顾客间互动的研究还较为缺乏，鲜有学者考虑在线顾客间互动的外部性影响。因此，本书旨在通过研究顾客回复对于后续顾客评论行为的影响，分析基于在线评论的顾客间互动的外部性影响。

第二节 研究意义

为了提高企业的在线服务质量、促进顾客购买决策效率以及提高在线声誉，企业需要充分管理和利用在线评论，以营造良好的在线服务氛围。然而，随着在线评论中顾客回复这一互动功能的出现，评论信息变得更为复杂和动态，这为企业管理在线评论提出了更高的要求和更大的挑战。因此，明晰顾客回复的影响和边界条件成为关键的研究课题。本书深入研究了在线评论中的顾客回复对于后续顾客评论行为的影响和作用范围，对在线管理相关理论的拓展，以及实践中最大化顾客间互动的价值都有重要意义。

一、理论意义

本书围绕基于在线评论的顾客回复现象探究了其对后续顾客评论行为的影响，对服务接触、在线评论、顾客间互动等相关研究有以下三个方面的理论意义：

首先，本书通过探索在线顾客间互动丰富了服务接触中关系管理的研究理论。随着理论和实践的发展，服务接触的理论研究从顾客与企业互动，拓展到顾客与顾客的互动。学者和企业管理人员开始认识到，顾客与企业的互动并非孤立发生，顾客与顾客的互动也是服务接触中不可缺少的一部分，有必要从多方参与者的视角来考虑服务接触。本书不仅关注了顾客间互动，还聚焦于在线服务接触的背景，拓展了企业进行关系管理的研究理论。本书的研究有助于明确顾客间互动在服务接触中对顾客服务体验的重要作用，并验证在线服务接触中关系管理对企业服务质量的关键影响，这有助于补充和丰富服务接触的研究内涵和实证范围。

其次，本书提出了基于在线评论的顾客回复的概念并对其影响进行了探究，充实和拓展了在线评论的研究体系。作为影响顾客购买决策的重要因素，在线评论已经成为学者们广泛关注的研究对象。以往的研究主要集中在评论的文本、数量和评级等方面。随着评论回复的出现，越来越多的学者从不同的角度探究评论回复这一新型评论内容维度的影响。为了更加深化和了解在线评论的影响，本书从"双向互动"的视角分析在线评论的回复内容，提出在线评论中顾客回复这一新概念，并且探究其外部性影响。本书的研究结合顾客间互动与在线评论的概念，从顾客回复的角度对在线评论进行探索和分析，增加在线评论的信息维度，拓宽在线评论的研究视角。

最后，本书基于顾客间互动行为和互动内容构建了顾客回复对于后续顾客评论行为影响的理论体系，补充和扩展了顾客间互动影响的研究领域。已有研究表明，顾客间互动会对顾客情感、认知和行为产生影响，特别是在线顾客间的互动不仅会影响到参与互动的顾客，还会对观察到互动的后续顾客造成影响。为了进一步了解顾客间互动的影响，本书将在线顾客间互动的影响延伸到后续顾客的范围，并结合社会学习理论、强化理论、社会压力理论以及一致性理论，对在线评论中顾客间互动对于后续顾客评论行为的影响进行了深入分析。本书的研究结果不仅进一步验证了在线顾客间互动对于顾客行为的重要影响，而且拓展了顾客间互动的影响范围和作用结果，将顾客间互动这一因素补充到了影响在线评论行为的文献中。

二、实践意义

本书旨在探究在线评论中新型顾客间互动方式——顾客回复的影响。当前，各类电商平台在在线评论系统中广泛采用顾客回复这一互动方式，其增加了评论的信息丰富度和内容的动态性。同时，顾客回复也对顾客的购买决策产生影响，给企业管理在线服务带来了新的挑战和压力。因此，本书对于电子商务的在线服务管理具有重要的实践意义。

首先，本书探究在线顾客间互动的影响为电商企业管理在线服务和顾客关系提供了指导。随着在线社交技术的发展，越来越多的顾客选择在线购物。电商企业应该重视顾客在线服务接触场景中的互动过程，以提升顾客在线服务体验。在线顾客间互动是在线服务场景的重要组成部分,对其进行有效管理,能提高企业的服务质量。本书通过探究在线顾客间互动影响,对在线顾客间互动的行为和互动内容有了深入理解,帮助电商企业实现对互动的有效管理。电商企业可以对顾客间互动进行鼓励和引导,构建一个健康的、有益的互动关系,以此满足顾客的在线互动需求和企业的服务管理。电商企业合理的管理顾客间互动,不仅能营造一个良好的服务氛围,还能提高顾客的服务满意度,进而增加购买意愿。因此,本书有助于加强电商企业对于顾客间互动影响效果的认知,引导企业对顾客间互动多加重视,获取更多顾客需求信息,提升企业服务价值。

其次,本书的研究能为电商平台管理在线评论系统和构建良好的平台社交氛围提供可行的建议。电商平台的成功离不开平台功能的设计与优化,这有助于满足不同顾客群体的需求和偏好,提高顾客体验,促进顾客在线参与,从而增强自身竞争力。特别是以评论信息为主要资源的电商平台,优化在线功能以提高顾客参与度是其核心竞争力的体现。因此,本书探究在线评论中的顾客间互动功能对后续顾客评论行为的影响,旨在帮助电商平台明确在线评论中顾客间互动的有效性和作用范围,为电商平台优化互动功能提供实证指导,为进一步改进评论系统提出方向。此外,本书的研究成果能帮助平台更好地了解影响顾客在线服务体验及其进行评论行为的因素,从而更全面地把握顾客的心态并引导顾客在线评论行为,最终促进平台的发展。因此,本书对在线评论系统中的顾客互动功能的探索,为电商平台有目的地优化评论系统、改进社交技术、提高顾客黏性提供可行的管理建议。

最后,本书为电商企业制定合理的口碑营销策略提供了有价值的决策依据。信息技术和社交媒体的发展促进了顾客更频繁地发布在线口碑信息,尤其是在线评论。在线评论不仅是产品信息的重要来源,而且是影响企业在线声誉和顾客购买决策的关键因素。企业可以通过提高评论评级来改善在线声誉,也可以通过增加评论数量来提升顾客感知的商品流行和受欢迎的程度。本书给电商企业管理在线口碑和完善评论管理方案提供了新的视角。本书利用相关心理学理论解释了顾客间互动与顾客评论行为之间的联系,为企业了解顾客评论行为的内在机制提供有益参考。同时,本书还可以指导企业将顾客间互动增加到在线评论管理方案中,深化口碑营销管理的方案。总之,本书为电商企业提供有价值的参考,指导企业优化在线评论管理方案，提高在线评论数量，优化在线口碑，从而增强企业的竞争力。

第三节　研究问题

为了满足顾客需求，电商平台在评论系统中设置顾客回复功能来促进顾客间互动。虽然该功能改善了顾客的在线服务体验，但是也给电商企业管理在线评论内容和在线声誉带来了更多挑战和压力。了解顾客回复如何影响顾客在线参与行为，以及这些影响的有效性和作用范围，对电商企业更好地管理在线评论而言至关重要。因此，本书的主要目标是探究在线评论中顾客回复对后续顾客评论行为的影响，帮助电商平台和电商企业制定管理在线评论的策略。

顾客评论行为是顾客在线参与行为的一种表现形式[53]，被学者们视为衡量企业在线管理成果的重要指标[22,51]。顾客发布的在线评论不仅是电商平台的重要资产，也是构成电商企业在线声誉和商品信息的重要部分，会直接影响顾客的购买决策。为促进顾客发布更多更好的评论，学者们一直从不同角度探究顾客评论行为的驱动因素。研究表明，顾客的在线评论行为不仅会受到自身特性和服务体验的影响[50,54,55]，还会受到在线评论系统中已有的评论信息的影响[56,57]。考虑到顾客回复也属于在线评论信息的一部分，本书认为，顾客回复也会影响顾客的评论行为。

基于上述分析，本书以后续顾客评论行为来衡量顾客回复的外部性影响。本书从顾客间互动行为和互动内容两个角度探究了顾客回复的影响，首先从顾客间互动行为的角度分析顾客回复行为是否会影响后续顾客的评论行为；其次从顾客间互动内容的角度出发，研究顾客回复内容对后续顾客的评论行为的影响。此外，本书利用顾客评论行为的两个维度：是否发布评论和发布何种评论，作为衡量顾客回复有效性的指标。其中，评论数量反映了产品和服务的受欢迎程度[10,58]，而评论评级则代表了顾客对产品和服务质量的满意程度[59]。基于以上研究背景，本书主要探究以下三个问题：

（1）基于在线评论的顾客回复行为是否影响以及如何影响后续顾客的评论数量？

当前我国的主要电商平台均提供了顾客回复功能，这意味着焦点顾客不仅能与其他顾客直接互动，其他顾客群体内部也能进行信息交流。顾客回复功能的出现使顾客之间的信息沟通更加便捷高效，提高了购买效率。但考虑到在线互动的公开性，这种基于在线评论的顾客间互动不仅会直接影响到参与互动的顾客的服务体验，还可能对未参与互动的后续顾客产生影响，进而影响到整个在线平台的顾客。评论数量代表了产品的受欢迎程度和流行程度，会直接影响顾客的购买意愿，并且与顾客的评论意愿存在潜在联系。因此，本书通过后续顾客的评论数量，来衡量在线评论中顾客回复行为对后续顾客评论行为的影响。

（2）基于在线评论的顾客回复行为是否影响以及如何影响后续顾客的评论评级？

在线评论中的顾客回复能够丰富在线评论内容，会被后续顾客视为在线服务接触的一部分，直接影响到后续顾客的在线服务体验，以及对产品和服务的评价。评论评级作为衡量产品和服务质量的重要指标，反映了顾客对于产品和服务的评价和态度。而且评论评级是在线评论的重要信息维度，不仅会影响顾客的购买意愿，还会直接影响到企业的在线声誉和绩效。考虑到这些因素，本书探究了在线评论中顾客回复行为对于后续顾客评级行为的影响。

（3）基于在线评论的顾客回复的情感是否影响以及如何影响后续顾客的评论评级？

顾客在阅读在线评论时，会同时关注初始评论和顾客回复的内容。情感是评论内容中重要的信息维度，可以直接影响顾客对产品和服务质量的判断。然而，顾客回复和初始评论的内容各自独立，可能会出现情感不一致的情况。这种不一致可能会导致顾客认知矛盾，甚至会对顾客认知造成冲突，进而影响顾客的在线服务体验和购买决策。因此，本书基于一致性理论，分析顾客回复的情感与初始评论的情感不一致时如何影响后续评论评级，以此探究在线评论中顾客间互动的内容对于后续顾客评论行为的影响。

围绕着在线顾客间互动与后续顾客评论行为关系这一主线，本书探究的三个问题可以简化为：顾客回复行为对评论数量的影响、顾客回复行为对评论评级的影响、顾客回复情感对评论评级的影响。这三个问题分别从顾客间互动行为和互动内容两个角度探究了在线评论中顾客回复对后续顾客评论行为的影响。

第四节 研究方法和结构安排

一、研究方法

本书主要采用理论分析与实证研究相结合的方式，探究在线评论中顾客回复对后续顾客评论行为的影响，首先通过文献阅读构建模型假设，其次利用技术手段进行网页数据抓取来获取实验数据，最后运用计量模型对数据进行分析并检验模型假设。

（一）文献分析方法

文献分析方法是指通过对国内外文献的收集、梳理和归纳，整理出本书研究主体的相关变量的定义和内涵以确定本书研究问题的学术定义，并对相关领域的现有研究背景进行整理，提出研究现状和研究不足，进而构建本书的研究观点和假设。本书主要阅读了服务接触、在线评论和顾客间互动的国内外相关文献，并研读和学习管理学、营销学、心理学等经典著作。结合电商平台的特征，分析了在线评论系统中顾客回复对于后续评论数量和评论评级的影响，提出第三章、第四章和第五章的理论假设。

（二）情感分析方法

情感分析方法是指利用各种算法和软件对文本内容包含的情感进行分类的方法，包括基于机器学习的情感分类方法和基于情感词典的情感分类方法。中文文本情感处理方法（Simplified Chinese Text Processing，SnowNLP）是一种基于情感词典的分类方法，其情感词典是基于中文语境下的商品评论构建的，可以较好地识别评论信息的情感类别。因此，本书为了探究在线评论中顾客间互动的情感不一致的影响，利用中文文本情感处理方法对顾客回复的内容的情感进行识别和判断。

（三）双重差分模型

双重差分模型（Difference-in-Differences Model，DID）是一种常用于政策评估的模型，用于评估政策变动后产生的影响，评估得到的影响也被称为处理效应。该模型常被学者用来识别和衡量因果关系。其核心思想是通过对比个体i受政策影响和个体i不受政策影响的差异，来得到政策的处理效应。该模型能同时控制实验组和控制组之间，以及政策前和政策后的差异，从而有效地控制影响政策的内生性问题。

二、结构安排

本书主要的结构安排如下：

第一章，绪论。首先阐述了在线评论在顾客服务体验中的重要作用及存在的新现象，其次引出本书关注在线评论中顾客回复这一研究问题的现实必要性和理论重要性，再次界定了研究概念并提出了研究问题，进而论述了研究意义和研究内容框架，最后提出了研究创新点。

第二章，文献综述和理论基础。首先，对服务接触的定义和内涵进行了详细阐述，并通过对服务接触分类，将本书的研究背景聚焦到在线服务接触的场景。其次，本章对国内外关于在线评论和顾客间互动的文献进行了梳理和归纳，识别出本书研究成果对现有体系的补充和完善，为本书研究提供了理论支撑。最后，本章总结了社会学习理论、强化理论、社会压力理论和一致性理论，为分析在线顾客间互动对后续顾客评论行为的影响提供坚实的理论基础。

第三章，基于在线评论的顾客回复行为对评论数量的影响。现有研究针对在线评论中顾客回复的影响尚不明确，本章旨在探究顾客回复行为对后续顾客评论行为的影响。首先，基于社会学习理论和强化理论提出了研究假设并构建模型。其次，通过获取两个平台的评论数据和双重差分模型，以评论数量作为衡量顾客是否发布评论的指标，分析了在线评论中顾客间互动行为对于后续顾客评论行为的影响。

第四章，基于在线评论的顾客回复行为对评论评级的影响。经过第三章的研究，了解到顾客回复行为会影响后续顾客是否发布评论。本章将进一步探究顾客回复行为对于后续顾客发布的评论内容的影响。首先，基于社会压力理论提出了研究假设并构建模型。其次，利用双重差分模型和可见性识别策略对于获取的评论数据进行分析，以评论评级作为衡量顾客发布评论内容的指标，探究了在线评论中顾客间互动行为对于后续顾客评论内容的影响。

第五章，基于在线评论的顾客回复情感对评论评级的影响。第三章和第四章研究了在线评论中顾客间互动行为的影响，但没有考虑到顾客间互动内容的影响。因此，本章将深入探究顾客回复和初始评论情感不一致的影响，以更全面地了解顾客回复的影响。首先，基于一致性理论提出研究假设并构建模型。其次，利用情感分析对顾客间互动的情感进行识别和处理。最后，使用可见性识别策略对评论数据和回复内容进行分析，以顾客回复情感不一致为研究对象，探究在线评论中的顾客间互动内容对于后续顾客评论评级的影响。

第六章，总结与展望。首先，对第三章、第四章和第五章的实证结果进行了研究结果总结。其次，依据研究结论和已有文献背景提出了理论贡献和实践启示。最后，整理了本书的研究不足和未来对在线评论中顾客间互动的研究展望。

三、技术路线

根据上述介绍的研究方法和论文结构，本书按照图1-5所示的技术路线图展开具体的研究路径。首先，根据提出的研究问题阐述研究背景。其次，梳理过去相关的文献研究构建理论基础。再次，基于构建的理论假设和模型，搏集数据对三个具体问题进行实证检验。这三个研究问题是不同层次的递进研究，第一个问题是探究顾客回复行为对于顾客评论数量的影响；第二个问题的研究焦点从顾客回复行为对顾客评论数量的影响转变为对评论评级影响的探究；第三个问题的研究对象从顾客间互动行为（顾客回复行为）转变为互动内容（顾客回复情感）。最后，整理和总结研究结果和贡献。

```
┌─────────────────────────────────────────┐
│        研究问题提出（第一章）              │
└─────────────────────────────────────────┘
        ↓           ↓
   ┌──────────┐ ┌──────────┐
   │分析研究背景│ │梳理研究意义│
   └──────────┘ └──────────┘
┌─────────────────────────────────────────┐
│     文献综述和理论基础（第二章）           │
└─────────────────────────────────────────┘
   ┌──────┐ ┌──────┐ ┌────────┐
   │服务接触│ │在线评论│ │顾客间互动│
   └──────┘ └──────┘ └────────┘
```

顾客间互动行为的影响（第三、第四章）

顾客回复行为

评论数量 / 评论评级

理论模型：社会学习理论 强化理论；顾客回复行为；评论数量；可见性机制
计量模型：数据获取和处理；模型建立和分析；爬虫技术；双重差分模型
实证分析：主效应分析；可见性机制检验；稳健性检验；评论异质性检验；平台内检验

理论模型：社会压力理论；顾客回复行为；评论数量；评论评级 回复及时性
计量模型：数据获取和处理；模型建立和分析；爬虫技术；双重差分模型 可见性识别策略
实证分析：主效应分析；调节变量检验；稳健性检验；平台间识别策略；平台内识别策略

顾客间互动内容的影响（第五章）

理论模型：一致性理论；顾客回复情感；评论评级；评级方差 回复时效性 餐馆等级
计量模型：数据获取和处理；模型建立和分析；爬虫技术；可见性识别策略
实证分析：主效应分析；调节变量检验；稳健性检验

研究结论和展望（第六章）

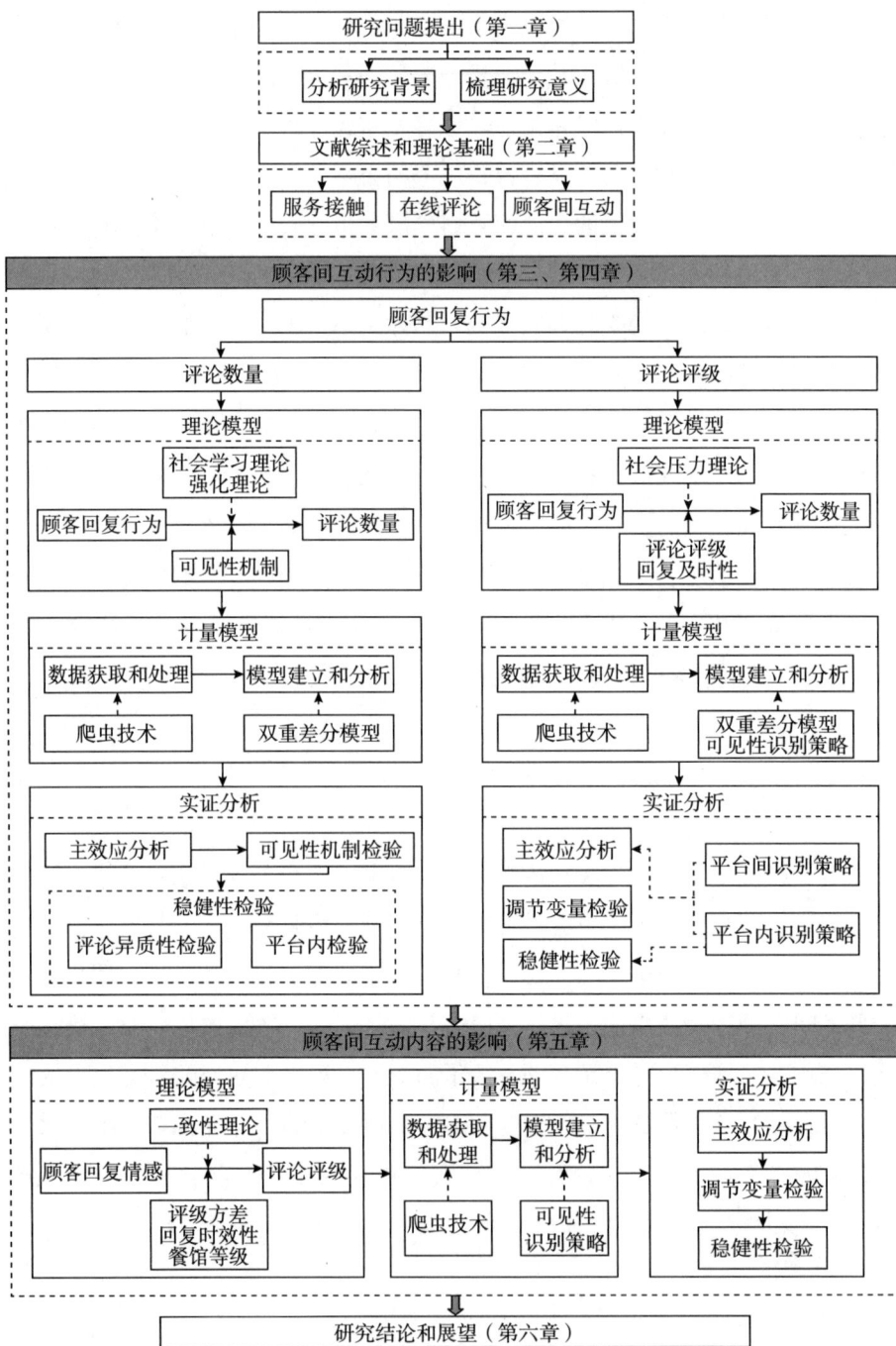

图1-5 本书的技术路线

第五节 研究创新点

本书以在线评论系统中顾客回复为研究对象，在理论分析和模型构建的基础上，通过获取在线评论数据和计量分析方法进行实证分析，探究基于在线评论的顾客间互动对后续顾客评论行为的影响，与相关领域的现有研究相比，本书的创新点主要体现在以下几个方面：

（1）基于可见性机制，考虑在线互动的特征，研究了顾客回复这一顾客间互动方式对后续顾客的影响，扩展了顾客间互动外部性影响的探究，为顾客间互动提供新的研究视角。

以往研究主要关注顾客间互动对参与互动的顾客的服务满意度、价值创造和品牌忠诚等方面的影响。本书结合在线信息的可见性原理，即在线信息对于任何在线用户都公开可见，创新性地将在线顾客间互动的影响从内部性扩展到外部性。本书认为在线顾客间互动不仅会影响参与互动的顾客，还会对观察到互动的后续顾客产生影响，这为顾客间互动的研究提供了新视角。而且，与以往利用实验等方法探究顾客间互动影响的研究不同，本书对顾客间互动的外部性影响进行了精准量化。本书利用在线评论系统获取到在线顾客间互动的记录数据，并依据同一餐厅在不同平台场景下的评论数据构建了双重差分模型，对在线评论中顾客间互动的影响进行分析。此外，本书还根据在线信息可见性原则构建了可见性识别策略，更加深入地分析在线评论中顾客间互动的影响。本书利用在线数据的可得性、客观性和真实性，探究了在线顾客间互动的外部性影响。

（2）构建了顾客回复与评论行为之间的影响路径，并验证了顾客回复对评论数量和评论评级的积极作用，把顾客回复纳入顾客评论行为的影响因素。

在线评论中的顾客回复功能使其他顾客可以对初始评论进行回复，这不仅使在线评论的信息更加丰富和动态化，而且会影响后续顾客在浏览评论过程中的服务体验。已有研究证明，顾客的在线评论行为不仅会受到自身特性和服务体验的影响，还会被在线评论的信息所影响。评论的评论数量、评论者身份以及评论回复都会影响顾客的在线评论行为，但还未有研究关注在线评论中顾客回复对其影响的有效性。本书关注了顾客回复这一基于在线评论的顾客间互动方式，将顾客回复行为视为一种评论奖励，引入社会学习理论和强化理论解释其对于后续顾客评论数量的积极影响。本书还将顾客回复行为视为一种群体压力的形成来源，利用社会压力理论分析其对于后续顾客评论评级的积极影响。本书深化了顾客回复与顾客评论行为之间的关系，并将顾客回复这一重要指标补充到驱动顾客评论行为的文献中，丰富了影响顾客评论行为因素的研究成果。

（3）针对顾客间互动内容的影响，利用一致性理论创新地分析了顾客回复与初始评论之间情感不一致对于后续顾客评论评级的影响，开拓了评论回复中关于情感分析的研究体系。

以往基于在线评论的情感分析的研究主要聚焦在初始评论，学者们对初始评论的内容进行情感分析，探究不同情感内容对评论有用性和产品销量等方面的影响，但鲜有研究关注评论回复的情感。本书考虑到评论回复和初始评论作为一个整体信息呈现给顾客，从顾客间互动内容的角度探究了顾客回复情感的影响。本书运用一致性理论，将顾客回复与初始评论之间的情感分为一致和不一致，并探究了它们对后续顾客评级行为的影响。此外，本书还从评级影响的角度引入了评级方差、时效性和餐厅等级等调节变量，研究了在不同的初始评级、顾客回复的不同发布时间以及不同餐厅背景下，顾客回复情感不一致对后续评级的影响是否有所不同。本书不仅扩展了顾客间互动内容的影响研究，还将在线评论中的情感分析扩展到顾客回复的研究角度，弥补了在线评论情感分析的不足。

本章小结

本章立足于电子商务迅速发展的时代背景，首先，指出了研究在线评论的重要性和必要性，并针对当前在线评论领域内有关顾客间互动的研究不足，提出了基于在线评论的顾客回复这一新型顾客间互动现象作为研究对象的必要性和重要性。其次，本章明确了本书开展的具体研究问题，即分析在线评论中的顾客回复对于后续顾客评论行为的影响，并强调该研究问题对于完善在线评论和顾客间互动领域文献的理论意义以及指导电商平台和企业管理在线评论的重要实践价值。再次，本章明晰了本书拟开展研究的具体方法和整体路径，即采用二手评论数据和计量模型，递进式地对三个研究问题进行探究。最后，阐述了本书的主要研究创新点。本章为下一章的文献梳理以及后续三章研究内容的展开做了铺垫。

第二章　文献综述和理论基础

本章主要介绍与本书研究相关的概念和理论研究。首先，介绍了服务接触的定义、分类及其重要性，为本书的研究背景提供了理论基础；其次，介绍了在线评论和评论回复的相关研究基础，并阐述了顾客间互动的内涵及其前因和后果；再次，介绍了社会学习理论、强化理论、社会压力理论以及一致性理论的概念；最后，对上述文献进行总结，指出已有研究存在的不足和本书的研究方向。本章为展开后续研究提供了理论基础。

第一节　服务接触综述

一、服务接触的定义

服务接触的概念最早是由 Shostack 于 1982 年在"服务质量"学术研讨会上提出的，其认为服务接触是影响顾客服务满意度的关键因素和决定因素[60]。随着实践中服务接触的不断探索和变化，国内外学者对于服务接触的学术定义和科学内涵进行着不断地改进和完善，并从不同的角度进行了界定。目前来说，学术界关于服务接触的概念可以分为狭义和广义。

狭义的服务接触概念强调了人际互动的重要性，将服务接触定义为服务提供者与顾客之间的二元互动[61,62]。根据 Czepiel 等（1990）的研究，狭义的服务接触可以定义为员工与顾客之间一对一互动的过程[29]。而广义的服务接触将顾客、员工、服务环境、服务设备等多方面因素都纳入考量范围，认为顾客在接受服务的过程中涉及的所有接触点都属于服务接触的范畴[63,64]。学者们认为广义的服务接触不仅存在人与人的互动,还有人与物理环境、人与技术的有形和无形各个方面的互动[36,37,65],具体包括员工与顾客、顾客与顾客、顾客与物理环境、顾客与技术的互动。例如,Meuter 等(2000)把自助服务系统中顾客与机器互动引入服务接触的研究领域[66]。Giebelhausen 等(2014)的研究把员工利用技术(如销售点终端、平板电脑和售货亭)与顾客的互动也归属于服务接触的范围[67]。Ho 等(2020)提出了服务生态系统的理念,认为服务环境中员工、合作伙伴、顾客等多方参与者形成的多方互动都属于服务接触[37]。

通过对上述概念的梳理可以看出,服务接触的概念已经从传统的顾客与企业的二元互动扩展到整个服务生态系统的多元互动角度。狭义的服务接触只关注企业与顾客的二元互动。广义的服务接触则包括企业与顾客互动、顾客与顾客互动、顾客与其他利益相关者互动、顾客与物理环境互动、顾客与虚拟技术互动等多方互动。本书采用广义服务接触的概念,以更全面地探讨服务接触的影响因素。

二、服务接触的分类

根据上述服务接触的定义可以看出,服务接触的内涵是在不断深化和扩展的。为了深化对服务接触的认知,学者们基于不同的服务场景和要素对服务接触进行了分类。

首先,服务接触可以按照顾客参与程度分为高接触服务、中接触服务和低接触服务[68,69]。高接触服务是指顾客在服务过程中的参与程度较高,即顾客不仅是服务的接受者也是服务的共同创造者。例如,旅游服务过程就属于高接触服务。中接触服务是指顾客相较于高服务接触的参与程度有所下降,只在部分服务或生产过程进行了有限的参与。例如,顾客购买的商品需要自行组装。低接触服务是指顾客没有参与到任何一个服务产生过程中,属于被动的服务接收者和产品购买者。

其次,服务接触可以根据互动元素分类,包括顾客与服务提供者的互动、顾客与服务环境的互动、顾客与顾客的互动、顾客与服务系统的互动、服务人员与服务环境之间的互动、服务人员与服务系统之间的互动、服务环境与服务系统之间的互动[70]。

最后，随着技术元素在服务接触中越发受到重视，服务接触可以按照技术介入程度，划分为人际互动的服务接触和人机互动的服务接触两类[71]。人际互动的服务接触又分为面对面服务接触（顾客与员工的直接接触）、技术辅助服务接触（员工可以借助技术与顾客进行互动）和技术促进服务接触（员工和顾客均借助技术进行互动）。人机互动服务接触又可以分为自助服务接触（顾客利用自助系统进行服务接触）、技术支持服务接触（顾客借助技术进行服务接触）、技术中介服务接触（顾客以网络为中介进行服务接触）和数字化服务接触（顾客依靠网络进行远程的服务接触）。

本书根据服务场景的不同，将服务接触分为线下服务接触和在线服务接触两种类型。在线服务接触就是顾客通过 Internet、电子邮件或电话等技术与公司进行交互，线下服务接触就是不利于技术手段的面对面员工与顾客的互动。本书的研究背景是在线服务接触，即代表顾客利用网络技术进行在线购买过程中发生的各种互动。需要强调的是，本书研究的在线服务接触范畴不仅包括顾客与企业之间的互动，还包括顾客与顾客之间的互动以及顾客与技术的互动等。这些互动都是在线服务接触过程中关键的组成部分，对深入理解在线服务接触的本质和影响因素具有重要意义。

三、在线服务接触的重要性

随着数字技术的快速发展，服务接触的情境变得越来越多样化。从原来的线下实体服务场景，发展到在线虚拟服务场景。随着数字技术的不断发展，在线服务接触场景已经成为企业竞争的主要战场，也成为学者们关注和重视的场景。

一方面，在线服务接触是企业提升顾客关系、提高顾客服务满意度和购买意愿的关键环节。有效管理在线服务接触能提高顾客对企业的信任度，建立顾客和企业的良好关系[72,73]。而且服务接触过程中形成的信任会动态转移，即线下信任会促进顾客线上信任，线上信任也会转移到线下[74]。已有研究表明，服务接触中的互动可以直接影响顾客满意度和购买意愿[30,75-77]。另一方面，随着互联网、大数据等信息技术的发展，传统的面对面服务接触逐步被借助先进数字技术实现的在线服务接触所取代[78]，在线服务接触对企业的影响也日益增强。在线服务接触中顾客的每一次行动和选择都能被在线记录和追踪，并且公开给所有的在线用户浏览。这就使在线服务接触可以不受时间和地域的限制，持续地对所有潜在用户产生影响。可以说，在线服务接触不仅在短期能影响顾客的购买决策，还能长期影响企业的声誉和品牌形象。因此，企业有必要对在线服务接触进行重点关注和管理。

第二节　在线评论和评论回复综述

随着互联网等信息科技的出现与发展，企业与顾客之间的互动从线下的面对面场景延伸到了在线场景，如在线评论网站、品牌社区等。不同于传统的面对面服务接触，Web 2.0 的发展使顾客能够使用各种社交平台来创建、分享和讨论产品和服务内容[79]，线上服务接触场景中顾客被赋予了权力，成为服务交换过程的积极参与者。因此，在线服务接触场景中，企业不再能完全控制整个线上服务过程。尤其是在线评论已经取代了企业发布的信息的重要性并在消费者眼中不断获得可信度，如今它们成为在线消费者决策过程的重要组成部分[54,80]。

在线服务接触中，在线评论已经成为顾客获取产品和服务信息的重要来源，也是企业了解顾客并发展有效关系的重要信息途径。在线评论已经成为企业管理在线服务场景的重要部分[54]。已有研究表明，相较于第三方和企业发布的产品信息，顾客更信赖在线评论作为购买决策的重要依据[9]。因此，本书选取了在线评论作为探究在线服务接触的场景因素。

一、在线评论的定义

在线评论是在线口碑的一种表现形式。本书所研究的在线评论主要出现在由服务提供商构建和管理的电子商务平台，如京东商城、淘宝、大众点评等。而在其他社交平台，如微博、抖音等出现的在线口碑，本书将其定义为顾客生成内容。顾客不仅会在购买前浏览评论系统中的信息，还会在购买后发布在线评论。目前，各个平台的在线评论系统已经发展得较为稳定和成熟，在线评论的表现形式也较为接近，属于比较结构化的形式。但是，在线评论的学术内涵和定义目前还未形成一个统一的学术认知。

在线评论定义和内涵的确定经历了一定的发展演变的过程。在线评论的学术概念由 Chatteijee 于 2001 年首次提出，他认为在线评论是消费者之间通过虚拟社区等途径做出的在线信息交流分享[81]。随着研究和实践的推进，学者们开始不断丰富在线评论的定义和内涵，把在线评论视为口碑的一种表现形式，并从不同角度进行了定义。Hu 等（2009）认为，在线评论是一种新的口碑形式，通过网络进行传播，其主要内容是包括顾客对购买的产品或服务的使用感受，以及对产品的赞美或抱怨[82]。Chakravarty 等（2010）认为，在线评论是在线口碑的一种表现形式，是顾客对于产品的正面或负面评价[83]。Mudambi 和 Schuff（2010）表示，在线评论是顾客发布在第三方网站上的产品和服务的意见[84]。郝媛媛等（2010）则从传播角度进行定义，认为在线评论是个体间关于产品或服务看法的非正式传播方式[85]。殷国鹏（2012）认为，在线评论一般指潜在或实际消费者在电子商务或第三方评论平台上发表产品或服务的正面或负面观点，通过在线方式传递给大众群体，也是用户与企业之间的在线互动与信息交流[86]。杜学美等（2016）认为，在线评论是以文本形式为主的，对产品进行的评价，是消费者通过互联网提交的对产品或者公司的评论信息[87]。

目前，虽然在线评论还没有形成一个较为统一的定义，但其有两个特性是被学术界和业界所公认的。一个是在线评论本质属于在线口碑；另一个是在线评论表现形式为有评级的产品评价。综合上述有关在线评论的相关定义，本书认为在线评论是一种在线口碑，是顾客对于产品或服务的评价，包括评论文本和评论评级，图 2-1 展示了在线评论的表现形式。

图 2-1　在线评论的表现形式

在线评论一般包含以下几个维度：①评论评级：指顾客对产品或服务进行打分，体现了顾客对产品或服务的正面或负面态度，表现方式为评论打分或评论星级。②评论内容：指在线评论在文字、图片和视频，以及情感和质量等方面信息。③评论时间：指顾客发布在线评论的具体日期。④评论发布者：指发布在线评论的顾客的身份，一般会根据不同顾客特性进行类型划分。⑤评论数量：指在一定时间段内的在线评论的总数量。

二、在线评论的研究脉络

在线评论既是消费者获得产品或服务的使用体验和意见的信息渠道，也是企业了解顾客需求的重要来源。与其他的顾客生成内容相比，在线评论的结构化更高，便于量化分析。因此，在线评论一直是学术界的研究热点。

为全面回顾在线评论的研究历程、探究在线评论的研究脉络，本节运用美国德雷赛尔大学华裔学者陈超美研发的用于文献分析可视化的 CiteSpace 软件对国内外研究在线评论的现状和发展前景进行梳理，以便更好地理解在线评论的研究动态。为了均衡研究数据的广泛性和代表性，本节分别选取了中国知网（CNKI）和 Web of Science（WOS）数据库中的文献。首先，在 CNKI 数据库中，以"在线评论"为关键词进行检索后获得 2451 篇文献。为了更精准地把握在线评论的研究动态，本节设定了把期刊来源，只选取"北大核心"和"CSSCI"进行精简，最终获取了 1302 篇文献。其次，在 WOS 数据库中，选取了核心合集数据库来源，以"Online review"为关键词进行主题检索后获得了 72882 篇文献。可以看出，在 WOS 数据库中，在线评论的相关研究过多，为了更好地梳理出在线评论在管理领域的研究和应用，进一步对文献选取范围进行限定，将文献的研究领域限定在"Management""Communication""Economics"，并且把文献类型限定为"论文"，最终获得了 6726 篇文献。表 2-1 展示了运用 CiteSpace 软件进行分析的数据结果。

表 2-1 数据检索结果

数据库	CNKI 数据库	WOS 数据库
数据来源	北大核心和 CSSCI	核心合集数据库
检索主题词	在线评论	Online review

数据库	CNKI 数据库	WOS 数据库
研究领域	全部	Management Communication Economics
文献时间跨度	2000~2022 年	1998~2022 年
检索时间	2022 年 12 月	2022 年 12 月
文献数量（篇）	2451	6726

获取相关文献数据后，本节运用 CiteSpace 对研究领域中的关键词进行共现分析，聚类分析以及突变词分析，以便准确把握文献的研究动态和热点趋势。

（一）在线评论研究领域文献的整体趋势分析

从图 2-2 可以看出，总体而言，WOS 数据库中的文献量远高于 CNKI 数据库的文献量，且在线评论领域的文献一直呈逐年增长的趋势。相较于 CNKI 数据库，WOS 数据库中的文献增长更为快速和明显。根据发文趋势图可以看出，在线评论的研究领域现处于发展期，并逐渐趋于成熟期。想要探究在线评论的研究重点，既要归纳和总结已有研究的方向，又要挖掘现有研究的不足和空白之处，

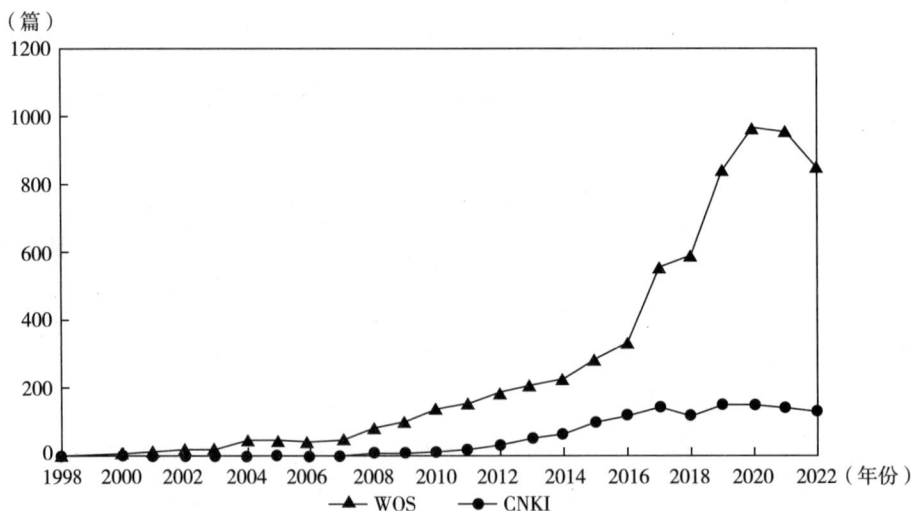

图 2-2　论文发表趋势

以此拓展在线评论的研究边界和研究前沿。因此，本节先利用关键词分析和关键词聚类分析对研究主题和研究方向进行汇总，再利用突变词分析梳理出当前在线评论领域的最新研究趋势。

（二）在线评论研究领域文献的研究主题分析

关键词是文献的核心研究点，因此对文献的关键词进行分析可以梳理出在线评论领域的主要研究内容。运用 CiteSpace 软件进行关键词贡献分析，CNKI 数据库的分析时间范围为 2000~2022 年，WOS 数据库分析时间范围为 1998~2022 年，时间切片选择 1，同时节点类型选择"Keyword"进行文献的关键词分析。关键词共现图谱如图 2-3 所示，图中节点的大小代表了该关键词出现的频率。为了更准确地呈现在线评论文献中关键词出现的情况，在表 2-2 展示了关键词出现的具体频率。

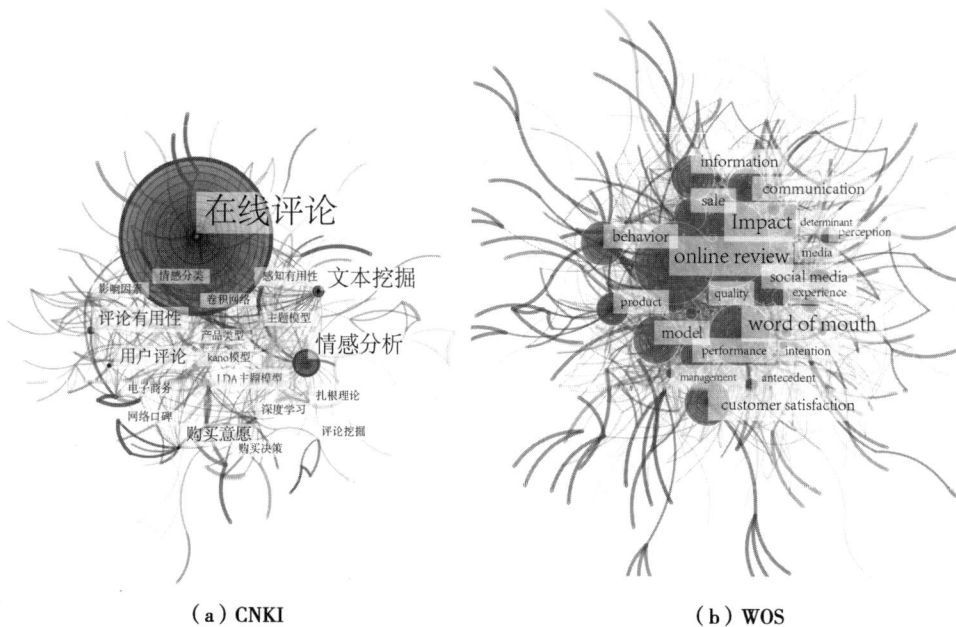

（a）CNKI　　　　　　　　（b）WOS

图 2-3　关键词共现图谱

首先，图 2-3（a）展示了 CNKI 数据库中的文献的关键词共现图谱。图中展示了出现频率前 20 位的关键词，分别是"在线评论""情感分析""文本挖掘""评论有用性""用户评论""购买意愿""情感分类""卷积网络""网络口碑""产品类型""感知有用性""kano 模型""影响因素""主题模型""LDA 主题模型""电子商务""深度学习""评论挖掘""购买决策""扎根理论"。其次，WOS 数据库中文献的关键词共现图谱如图 2-3（b）所示。图中也展示了出现频率前 20 位的关键词，分别为"online review""word of mouth""impact""customer satisfaction""social media""model""information""behavior""communication""sale""performance""product""perception""quality""intention""experience""media""management""antecedent""determinant"。为进一步明晰在线评论研究中关键词的权重和出现频次，本章把关键词的频次和中心性信息展示在表 2-2 中。具体来说，关键词的中心性数值越大，说明其在共现图谱的网络结构中的地位越重要。

表 2-2　国内外文献的关键词频率

排序	CKNI 关键词	频率	中心性	WOS 关键词	频率	中心性
1	在线评论	611	0.47	online review	1411	0.06
2	情感分析	124	0.26	word of mouth	1245	0.03
3	文本挖掘	87	0.12	impact	1160	0.02
4	评论有用性	81	0.03	customer satisfaction	919	0.05
5	用户评论	59	0.08	social media	886	0.01
6	购买意愿	50	0.10	model	739	0.03
7	情感分类	32	0.08	information	738	0.04
8	卷积网络	32	0.01	behavior	518	0.05
9	网络口碑	30	0.04	communication	430	0.02
10	产品类型	28	0.01	sale	402	0.01
11	感知有用性	25	0.02	performance	373	0.03
12	kano 模型	23	0.03	product	359	0.01
13	影响因素	22	0.04	perception	358	0.01
14	主题模型	22	0.02	quality	341	0.01
15	LDA 主题模型	22	0.01	intention	314	0.01
16	电子商务	21	0.05	experience	310	0.02
17	深度学习	20	0.05	media	291	0.03

续表

排序	CKNI 关键词	频率	中心性	WOS 关键词	频率	中心性
18	评论挖掘	20	0.01	management	259	0.02
19	购买决策	20	0.02	antecedent	250	0.02
20	扎根理论	19	0.04	determinant	246	0.04

通过对比表 2-2 中国内外文献的关键词,"在线评论"和"online review"出现频率最多,中心性也最强。此外,国内文献中中心性最强的关键词的是"情感分析",而国外文献中中心性最强的关键词的是"customer satisfaction"和"behavior"。可以看出,基于在线评论的国内外研究文献的关键词存在较大的差异。从相同点来看,国内外文献的热点都关注了在线评论的影响,包括对顾客满意度、购买意愿、购买决策、销量以及其他绩效的影响。从不同点来看,国内文献的研究热点关注了如何利用算法和模型(如 kano 模型、LDA 主题模型、卷积网络)构建情感分析、文本挖掘以及深度学习方法对在线评论进行分析。国外文献主要是关注在线评论的信息、如何管理在线评论,以及产生在线评论的前因。此外,国外社交媒体是研究在线评论的一个重要背景,国内主要是依靠电子商务平台获取评论数据。

从上述两个关键词共现图谱能了解到目前在线评论领域中的主要研究方向,但是无法建立关键词之间的联系。为了进一步了解在线评论现有的研究方向,本节继续利用 CiteSpace 进行聚类分析。

(三) 在线评论研究领域文献的研究方向分析

利用 CiteSpace 软件进行聚类分析,首先,把聚类标签设为关键词,利用对数似然比检验(Loglikelihood Ratio Test,LLR)算法进行聚类分析,最终得到如图 2-4 所示的聚类图。图中聚类结果的 Modularity Q 值分别为 0.547 和 0.721,都高于 0.3,表示聚类结果较好。其次,图谱的 Mean Silhouette 值分别为 0.483 和 0.485,都较为接近 0.5。这表明在线评论文献获得的聚类之间同质性较强,研究主题较为集中。

根据图 2-4 中展示的关键词聚类结果,可以看出国内文献的研究方向主要有 8 个,分别是 #0 在线评论、#1 购买意愿、#2 电子商务、#3 情感分析、#4 产品

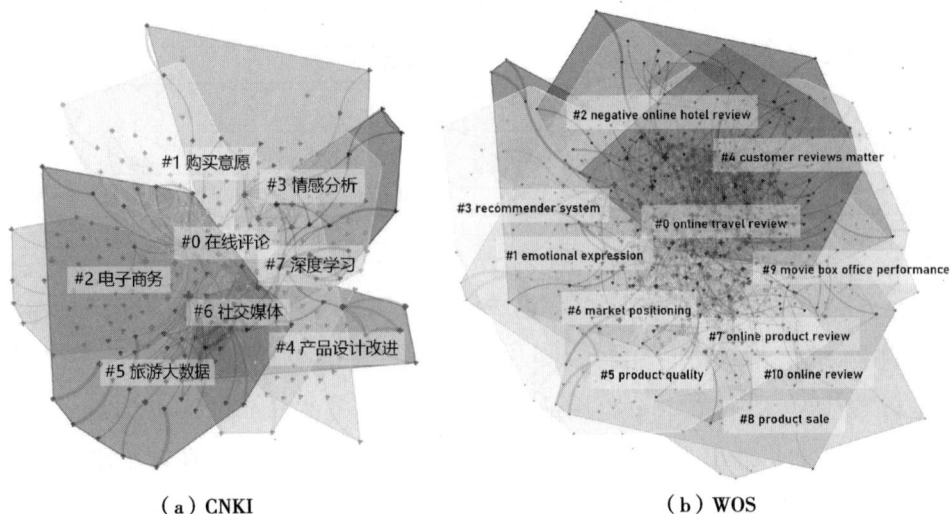

（a）CNKI　　　　　　　　　　　（b）WOS

图 2-4　关键词聚类

设计改进、#5 旅游大数据、#6 社交媒体、#7 深度学习。国外文献研究的主题有 11 个，分别是#0 online travel review、#1 emotional expression、#2 negative online hotel review、#3 recommender system、#4 customer reviews matter、#5 product quality、#6 market positioning、#7 online product review、#8 product sale、#9 movie box office performance、#10 online review。为了更进一步了解聚类主题的主要研究内容，本章在表 2-3 中展示了除了主题词之外，运用 LLR 算法聚类后得到的对数似然标签值最大的 3 个关键词。

表 2-3　国内外研究的关键词聚类

聚类号	聚类名称	关键词	聚类号	聚类名称	关键词
#0	在线评论	网络口碑，消费者决策，网络营销	#0	online travel review	using text mining, deep learning study, reviewer expertise
#1	购买意愿	评论类型，在线负面评论，感知有用性	#1	emotional expression	consumers product evaluation, consumer characteristics, consumers motivation
#2	电子商务	口碑，影响因素，后续行为	#2	negative online hotel review	customer satisfaction, additional review, managerial responses

续表

聚类号	聚类名称	关键词	聚类号	聚类名称	关键词
#3	情感分析	用户评论，虚假评论，情感极性	#3	recommender system	risk attitude, kano model, modelling
#4	产品设计改进	评论内容要素，情感词向量，支持向量机	#4	customer reviews matter	behavioral intention, influencing factor, online review helpfulness
#5	旅游大数据	文本分析，情感词典，网络爬虫	#5	product quality	one-star online review, textual factor, opinion mining
#6	社交媒体	内容分析，社会网络分析，社交媒体营销	#6	market positioning	empirical application, value creation, service quality
#7	深度学习	特征挖掘，用户画像，主题识别	#7	online product review	finer-grained rating scheme, spillover effect, machine learning process
			#8	product sale	online sale, booking intention, individual difference
			#9	movie box office performance	local market, sequential rollout, niche product
			#10	online review	reviewing persons value; online social networking; voluntary disclosure

从上述的聚类结果可以看出，研究在线评论的文献的平台场景主要有四种，分别是电子商务平台、旅游平台、电影平台和社交平台。例如，Kaushik 等（2018）利用电子商务平台的在线评论来探究评论的顺序、数量、信息量和效价等其他评论特征对产品销售的影响[8]。Mellinas 等（2019）借助酒店评论数据，评估在线评论的评级与酒店客观属性和主观属性之间的相互关系[88]。张继东和蒋丽萍（2022）利用在线旅游评论进行深度学习构建识别评论内容的模型[89]。Ladhari 和 Michaud（2015）重点研究 Facebook 平台上朋友的评论，对酒店预订意图、对酒店的信任、对酒店的态度以及对酒店网站的感知的影响[90]。为了更精准地把握在线评论文献的研究方向，本章根据上述国内外文献的聚类词，将现有的在线评论研究划分为以下六个研究方向：

第一个研究方向是对在线评论进行情感分析。由于情感是信息重要组成部分，因此很多研究者专注于分析在线评论的情感倾向，并利用情感分析探究在线评论的影响。例如，Chang 和 Chen（2019）利用 TripAdvisor 平台上的酒店评论数据，并结合提出了一种基于情感分析的评价模型，来探究了评论情感和可信度对于酒店排名的影响，结果表明可信度因素对酒店排名的影响高于评论情感[91]。Li 等（2019）使用联合情感—主题模型提取评论文本中的主题和相关情感，研究评论对产品销售绩效的影响[92]。江亿平等（2022）对在线评论进行情感分析，并结合动态定价模型给零售商做出最优定价决策[93]。

第二个研究方向是分析如何利用在线评论进行产品改进。由于传统的研究方法在产品设计和改进决策中受到挑战，包括调查范围有限、样本不足、过程耗时等缺点，因此为了迎合更新速度越来越快的市场环境，很多学者利用在线评论为企业采取产品开发和改进战略提供了主要参考。例如，Hou 等（2019）提出了一种基于两代产品的在线评论来捕捉用户对产品可视性期望变化的方法，以此来帮助制定产品改进策略[94]。具体方法是首先利用自然语言处理方法对评论文本进行自动识别，其次利用 Kano 模型将产品属性偏好分为五类，最后进行联合分析得到顾客期望。Yang 等（2021）利用电子商务平台的评论数据构建了产品评价指标体系，并利用在线评论进行意见挖掘和情感分析，提出了产品的改进策略[18]。沈超等（2021）利用在线评论数据挖掘产品需求，主要是利用了产品特征提取和情感分析对评论内容进行识别，并结合时间序列模型预测产品属性和情感之间的关系，最终熟知产品属性和市场满意度之间的联系[95]。

第三个研究方向是优化识别在线评论的文本或者情感的模型和算法的改进。在线评论包含了大量有用的信息，在顾客的选择中起着至关重要的作用。但是利用不同类型算法和模型在识别评论的文本内容和情感时，识别结果往往不同。为了提高信息准确性，很多学者专注于探究和改进识别评论的模型和算法研究。例如，Fazzolari 和 Petrocchi（2018）构建了一个智能数据分析技术，可以细化可用数据，自动为顾客披露有价值的信息[96]。Huang 等（2019）提出了一种聚合主题情感模型用于在线评论的文本分析[97]。通过将该模型与机器学习方法相结合，将该模型应用于网络评论中情感信息的提取和过滤，使信息识别预测精度得到了明显提高。Fang（2022）开发了一个具有聚合社会学习的结构性需求模型，量化了在线评论平台对餐厅收入和消费者福利的影响[98]。张继东和蒋丽萍（2022）利用深度学习构建识别评论内容的模型，达到识别包含特定情感的评论目的[89]。主要是以旅游在线评论为例，提取评论的文本内容、表情符号和图片特征等信息来识别包含讽刺情感的评论。

　　第四个研究方向聚焦于负面评论。虽然在线评论对于顾客购买决策以及企业绩效等方面的影响已经被广泛证明，但是并不是所有的在线评论对消费者决策的影响都是相同的。在这种情况下，学者们一直在争论和探究在线评论的"负面偏见"效应，即负面评论比正面评论对消费者决策产生的影响更大和更持久[99]。因此，负面评论也成为学术界较为关注的一个重点。学者们不仅关注"负面偏见"，还多方面探究负面评论的内容、形成原因和管理方法。例如，Ahmad 和 Laroche（2017）利用潜在语义分析的机器学习技术对评论中正面和负面情绪包含的不同主题进行区分，认为负面评论涉及更多服务失败的主题，正面评论更多关注产品相关的主题[12]。Hu 等（2019）利用结构化主题模型对酒店的正面和负面评论进行分析，对比探讨负面评论时常出现的主题，并且研究了不同等级酒店的顾客投诉主题的变化[100]。Azer 和 Alexander（2018）利用酒店评论和网络图方法研究了顾客发布负面评论的驱动因素，认为服务失败和情感失望会直接导致负面评论[101]。He 等（2020）研究了服务失败后因果归因和社会存在对于顾客寻求报复和发布负面口碑的影响，并利用潜在的情感过程解释了顾客的心理路径[102]。通过分析在线内容和多个实验，结果表明因果不清晰时，社会存在会激发顾客的报复心理，并且因果位点和社会存在对顾客的报复心理有交互作用。有的学者关注了负面评论对于顾客购买意愿和行为的影响。王阳等（2018）认为，负面评论通过影响感知风险，进而影响顾客的购买意愿[103]。Lis 和 Fischer（2020）探究了负面顾客评论如何影响消费者对产品的态度，认为虽然负面评论会降低顾客的满意度，但是后续新的积极口碑可以缓解这种负面影响[104]。Qahri-Saremi 和 Montazemi（2022）利用负面评论对顾客态度的影响，认为顾客不仅会受到负面评级的影响还会受到负面评论内容的影响[105]。Le 和 Ha（2021）关注了如何降低负面评论的影响，认为商家回复的及时性和相关性不仅对潜在消费者的态度和行为有正向影响，而且还能缓和负面评论的负面影响[106]。

　　第五个研究方向是探究在线评论的影响。由于在线评论的重要性，研究人员从不同的角度对其影响以及影响机制进行了研究，包括对产品销售、企业绩效、营销策略、顾客购买决策、顾客满意度、顾客感知有用性等多方面的影响。例如，Chevalier 和 Mayzlin（2006）研究了评论对于书籍销量的影响，研究结果表明评论评级的增加会提高销量[49]。Mudambi 和 Schuff（2010）探究影响评论有用性感知的因素，结果表明评论评级的极端程度和评论内容的深度会影响到顾客的有用性感知，而且还会受到产品类型的调节[84]。郝媛媛等（2010）利用电影评论数据证明了在线评论中情感越积极、句子长度越长、内容越复杂，顾客的感知有用性越高[85]。Ye 等（2011）利用在线旅行社的数据分析了在线评论对于企业绩效的影响，其研究结果认为旅行者评论对在线销售有显著影响，旅行者评论评级每增加 10%，在线预订量就会增加 5%以上[107]。Liu 和 Park（2015）的研究结果表明，评论提供者的特征（如个人身份的披露、评论者的专业知识和声誉）和评论本身特征，包括定量测量（如星级和评论长度）和定性测量（如感知享受和评论可读性）会共同影响顾客对评论的感知有用性[13]。Yan 等（2015）通过分析在线评论探讨影响顾客对餐厅重游意愿的因素，其利用餐厅评论进行定量评分分析后发现，菜品质量、价格与价值、服务质量和氛围是影响餐厅顾客回访意愿的前因，且餐厅类型调节了顾客对服务质量、氛围、价格与价值的满意度对回访意愿的影响[108]。Chen 等（2016）对比分析了电子口碑、第三方和零售商发布的信息对于顾客购买决策的影响，并证实了电子口碑被顾客认为更为有用[9]。Filieri（2016）通过对 38 个发布在线评论的用户访谈内容进行扎根理论方法，探究了顾客如何评估在线评论的可信度，其研究结果表明评论信息内容、风格、评论评级等线索都会影响到评论的可信度[109]。朱丽叶等（2017）认为，在线评论的质量和评论者等级会对消费者购买意愿产生积极影响，且该影响受到产品卷入度的调节作用[110]。Lee 和 Choeh（2018）通过实证研究证明了评论数量、评论评级、评论时长等评论特征与评论帮助性相互作用会对票房产生影响[111]。Lee 等（2019）对比了评论和广告对于电影票房的影响，其研究结果表明提高评级的数量和效价可以产生与广告支出相同的效果[112]。Kaushik 等（2018）利用电商平台的在线评论证实了评论的顺序，汇总信息，数量、信息量和效价等其他评论特征对产品销售的影响[8]。Watson 等（2018）对比研究了平均评级和评论数量对顾客购买的影响，认为作为产品质量信号的平均评级的诊断性高于评论数量[113]。Rouliez 等（2019）的研究表明，评论的效价正向影响后续评级的强度，并且该影响对新手评论者的效果更显著[114]。Malik 和 Hussain（2020）探究了影响在线评论有用性的因素，证实了评论数量多、情感值大、极性分数高的评论更有用[115]。

第六个研究方向是分析顾客发布在线评论的动机。在线评论一直被当作个人提供的公共信息，发布评论也被看作顾客的一种自发和自愿行为。由于发布评论往往花费时间和精力，因此在没有外力的干预情况下，撰写评论的顾客数量会大大少于只阅读评论的顾客数量[50]。为了解决这个问题，很多研究者投身于探究影响顾客发布评论的因素，并积极探寻提高顾客的评论动机。例如，Bronner 和 De Hoog（2010）探究了哪种类型的旅游度假者会发布评论，其研究结果表明评论的动机可以分为五大类，包括自我引导、帮助其他度假者、社会福利、消费者赋权以及帮助公司[116]。Cheung 等（2012）关注消费者在网络消费者意见平台上传播正面口碑的驱动因素，通过实证检验结果证明声誉、归属感以及帮助其他消费者的愉悦感和消费者的口碑意愿显著相关[50]。Berger（2014）认为，人们分享口碑的目的主要包括五个原因，分别是印象管理、情绪调节、信息获取、社会联系和说服[54]。Ho 等（2017）研究了感知不确定对于顾客评论行为的影响，认为预期评价与经验评价之间的差异越大，消费者越有可能发布在线评论，且评论评级往往偏向于差异的方向[117]。Hussain 等（2018）研究了电子口碑传播的关键因素，认为消费者对社交互动、经济激励和自我价值强化的需求是参与电子口碑的主要驱动因素[118]。Duan 等（2019）的研究成果证实了货币奖励对顾客评论贡献有积极影响[119]。张文等（2022）探究了顾客发布虚假评论的原因，包括情感宣泄、企业奖励和企业干扰行为[120]。综合上述的研究方向可以看出，有关在线评论的研究文献探究了在线评论的前因和后果，利用在线评论的内容信息对其进行处理和分析，包括文本挖掘、情感处理以及改进分析算法和模型。

（四）在线评论研究领域文献的研究前沿分析

在关键词共现和聚类的分析基础上，进一步进行关键词突变分析可以观测在线评论研究的前沿与未来趋势。运用 CiteSpace 软件对国内外文献的关键词进行突变探测（Burst Detection），提取出某一研究时间段内频次增长率极高的关键词（Keywords）并显示其起（Begin）止（End）时间，这些关键词可以被称为突变词。研究突变词的目的，在于发现当前乃至今后一段时间该研究领域的前沿问题。经分析，共得出 20 个国内研究突变词及 16 个国外研究突变词（见图 2-5 和

图2-6）。图2-5中，国内突变词仍处于研究前沿的有3个，分别是"扎根理论""用户需求"和"情感分析"。而图2-6中显示，国外研究突变词仍处于研究前沿的有2个，分别是"management"和"emotion"。

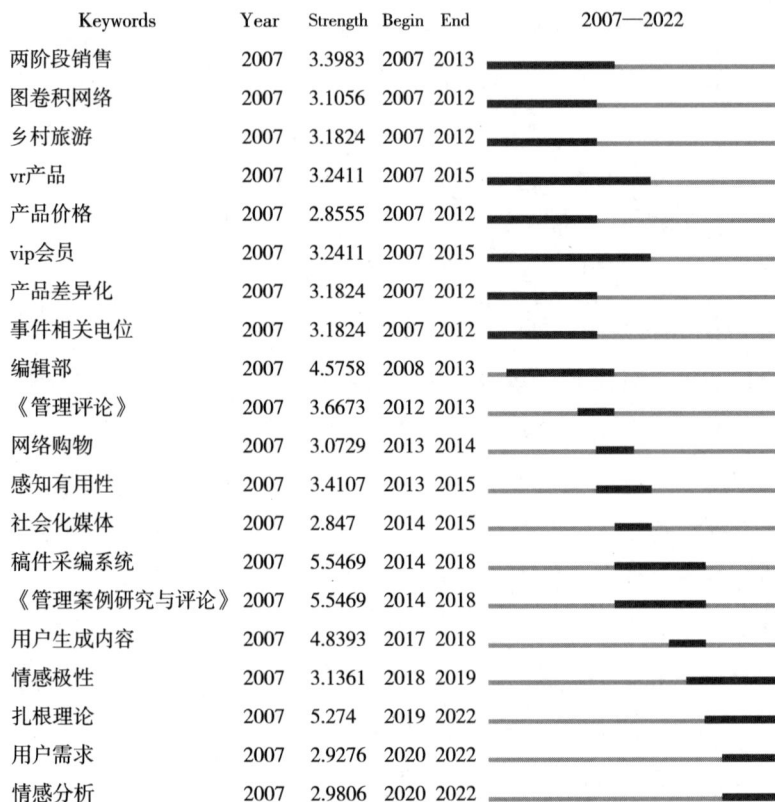

Keywords	Year	Strength	Begin	End	2007—2022
两阶段销售	2007	3.3983	2007	2013	
图卷积网络	2007	3.1056	2007	2012	
乡村旅游	2007	3.1824	2007	2012	
vr产品	2007	3.2411	2007	2015	
产品价格	2007	2.8555	2007	2012	
vip会员	2007	3.2411	2007	2015	
产品差异化	2007	3.1824	2007	2012	
事件相关电位	2007	3.1824	2007	2012	
编辑部	2007	4.5758	2008	2013	
《管理评论》	2007	3.6673	2012	2013	
网络购物	2007	3.0729	2013	2014	
感知有用性	2007	3.4107	2013	2015	
社会化媒体	2007	2.847	2014	2015	
稿件采编系统	2007	5.5469	2014	2018	
《管理案例研究与评论》	2007	5.5469	2014	2018	
用户生成内容	2007	4.8393	2017	2018	
情感极性	2007	3.1361	2018	2019	
扎根理论	2007	5.274	2019	2022	
用户需求	2007	2.9276	2020	2022	
情感分析	2007	2.9806	2020	2022	

图2-5　CNKI数据库的突变词

注：深色线段代表了该关键词在该时间段内成为研究热点，浅色线段则代表该关键词在该时间段并不是研究热点。

综合来看，当前主要的研究前沿有3个大方向，分别是分析在线评论中的情感，利用在线评论提取顾客需求以及对在线评论进行管理。本书的研究主题是基于在线评论的顾客回复，属于"管理"这一在线评论研究前沿的内容之一。同时本书还考虑了顾客回复情感的影响，也与"情感"和"情感分析"这一研究前沿有关联。因此，本书的研究方向具有学术前沿性和可行性。

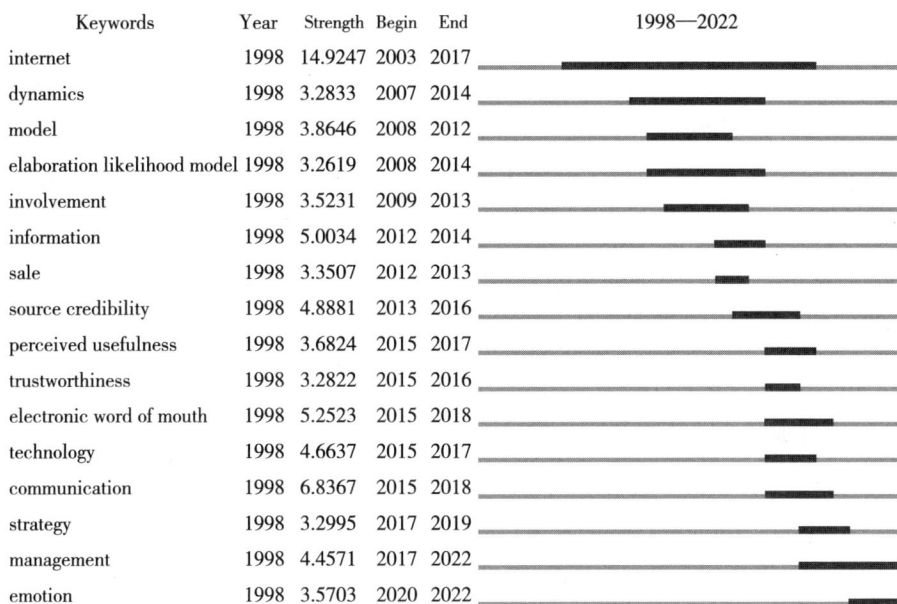

Keywords	Year	Strength	Begin	End	1998—2022
internet	1998	14.9247	2003	2017	
dynamics	1998	3.2833	2007	2014	
model	1998	3.8646	2008	2012	
elaboration likelihood model	1998	3.2619	2008	2014	
involvement	1998	3.5231	2009	2013	
information	1998	5.0034	2012	2014	
sale	1998	3.3507	2012	2013	
source credibility	1998	4.8881	2013	2016	
perceived usefulness	1998	3.6824	2015	2017	
trustworthiness	1998	3.2822	2015	2016	
electronic word of mouth	1998	5.2523	2015	2018	
technology	1998	4.6637	2015	2017	
communication	1998	6.8367	2015	2018	
strategy	1998	3.2995	2017	2019	
management	1998	4.4571	2017	2022	
emotion	1998	3.5703	2020	2022	

图 2-6　WOS 数据库的突变词

注：深色线段代表了该关键词在该时间段内成为研究热点，浅色线段则代表该关键词在该时间段并不是研究热点。

三、影响顾客评论行为的因素

在线评论属于口碑的一种表现方式，因此想要了解顾客评论行为的驱动因素，首先要明确顾客发布口碑的动机，其次进一步探究顾客发布评论的驱动因素。

（一）口碑的传播动机

在口碑传播的研究中，Dichter（1966）较早关注口碑传播动机，他认为口碑的传播动机有与产品相关（分享和推荐产品）、与自我相关（通过传播信息来表现自我，提高地位，获得关注）、与他人相关（与他人分享情感）以及与信息相关（由于商业目的传播信息）四种[121]。随后，Engel 等（1969）在 Dichter

（1966）研究的基础上探究了传播负面口碑的动机，并认为除了上述四种动机，还包括减少失调的自我需求动机[122]。Sundaram 等（1998）的研究区分了正面和负面口碑的传播动机，认为传播正面口碑的动机有利他主义、自我提升、产品卷入度和帮助企业；传播负面口碑除了利他主义，还有降低焦虑、寻求意见和报复心态[123]。Alexandrov 等（2013）也对比了积极口碑和消极口碑的驱动因素，认为积极口碑主要是出于自我提升的需要，而消极的口碑主要是出于自我肯定的需要；社会比较的需要影响着口碑的价值，社会联系的需要则只影响积极口碑，而帮助他人和分享社会信息的意愿只影响消极口碑[124]。Berger（2014）提出了人们分享口碑的五个目的，即印象管理、情绪调节、信息获取、社会联系和说服他人[54]。

除了传统口碑的传播研究，学者们也开始关注电子口碑的传播。这是因为随着社交媒体的发展，在网络平台上发布电子口碑不仅方便而且传播迅速。Hennig-Thurau 等（2004）对比了电子口碑和传统口碑传播动机的不同，认为电子口碑的传播动机，除了传统口碑的帮助他人和提升自我，还能满足社交和经济动机[125]。Bronner 和 De Hoog（2010）探究了发布在线口碑的动机，分别是自我引导、帮助其他度假者、社会福利、消费者赋权以及帮助公司[116]。Cheung 等（2012）关注用户在在线评论平台上传播正面口碑的驱动因素，实证检验结果表明，声誉、归属感和帮助其他消费者的愉悦感与用户的口碑意愿显著相关[50]。Lovett 等（2013）认为，在电子口碑和传统口碑的传播动机不同，社会性动机（如自我展示）和功能性动机（如寻求信息）更能影响电子口碑的传播，而情感动机（如分享情感）更多地影响口碑的传播[126]。Hussain 等（2018）研究了影响电子口碑传播的关键因素，认为消费者对社交互动、经济激励和自我价值强化的需求是参与电子口碑的主要驱动因素[118]。

从上述的文献中可以看出，学者主要从心理需求的角度探究了顾客发布口碑的动机。从内在需求的本质上讲，顾客会受自我满足感、自我发展、自我成就和情感宣泄等因素影响，自愿发布口碑。从外在动机来看，顾客还会因为想要获得夸奖、帮助他人、获得社会声誉等角度促使其传播口碑。可以看出来，发布口碑不仅能让顾客获得心理上的满足，还可以取得外在奖励。表2-4汇总了影响口碑传播的因素。

表 2-4　口碑传播的动机

文献	动机												
	自我提升	印象管理	社会联系	分享情感	帮助他人	社交互动	经济激励	寻求信息	支持/报复企业	分享信息	自我需求	产品卷入	社会福利
Dichter（1966）	√			√	√					√			
Engel 等（1993）	√			√	√					√	√		
Sundaram 等（1998）	√				√			√	√			√	
Hennig-Thurau 等（2004）	√				√	√	√						
Bronner 和 De Hoog（2010）	√				√				√				√
Cheung 等（2012）				√								√	
Lovett 等（2013）	√	√		√					√				
Alexandrov 等（2013）	√		√								√		
Berger（2014）	√	√	√	√					√				
Hussain 等（2018）	√		√			√	√						

（二）评论行为的驱动因素

顾客发布在线评论的行为可以看作是两个阶段的决策过程，第一阶段是顾客决定是否要发布评论，第二阶段是顾客决定发布什么样内容的评论。因此评论行为的驱动因素也可以从上述两个角度展开。

第一阶段：发布评论与否。

已有的研究主要从三个角度探究顾客决定是否发布在线评论的动机。一是从顾客的个性特征探究顾客为什么愿意发布在线评论，二是从产品和服务的相关因素进行分析，三是从外在因素干预的角度进行探究。

首先是顾客的个性特征。Clark 和 Goldsmith（2005）的研究表明，创新者、意见领袖和专家相对于普通的顾客有更强的发布在线评论的意愿，更喜欢与其他顾客分享自己的产品和服务使用体验[127]。创新者是指在产品早期就使用产品并且喜欢追求新型产品的消费者，意见领袖代表那些在特定领域内有较大影响力的消费者，专家则是在相关领域拥有较多专业知识并且了解更多产品相关信息的消费者。Wien 和 Olsen（2014）证明了强调个人利益的个人主义导向的顾客更愿意发布评论，而注重集体主义的顾客会因为担心意见冲突而减少发布在线评论[128]。

其次是产品和服务的相关因素。Anderson（1998）的研究表明当顾客对于服务体验极端满意或者极端不满意时，有强烈的发布评论的倾向[129]。服务体验不满意时，顾客会倾向于通过发布在线评论发泄不满情绪以报复企业。而当服务体验非常满意时，顾客愿意发布评论来表达自己积极的情感和对企业的支持[123]。Dellarocas 和 Narayan（2006）研究表明，观点极端的客户更有可能提供在线评论[130]。Dellarocas 等（2010）通过对电影评论的分析，发现评论意愿和电影热度呈现"U"型关系，即顾客更愿意给特别热门和没有热度的电影提供评论[131]。Chen 等（2011）关注了产品价格和评论意愿的关系，研究发现价格越低的产品越能获得顾客的评论[132]。Berger 和 Schwartz（2011）发现产品的趣味性越大，顾客越愿意发布评论。这是因为趣味性的产品可以展示顾客的有趣性，因此顾客想通过发布趣味性产品的评论来提升自我形象[133]。Shen 等（2015）在对图书评论进行研究时，发现顾客倾向于给热门且评论较少的书籍进行评论，这类评论可以帮助顾客以较少的竞争获得较大的关注[134]。Ho 等（2017）研究了感知不确定对于顾客评论行为的影响，认为预期评价与经验评价之间的差异越大，顾客越有可能发布在线评论[117]。Antón 等（2019）探究了游客服务体验对于在线评论行为的影响，基于最优刺激水平理论和平衡理论，证明了体验评价对评论浏览意愿具有倒"U"型效应，对评论生成意愿具有"U"型效应[55]。

最后是外部因素的刺激。Feng 和 Papatla（2011）认为企业的广告投放会影响电子口碑的传播，广告投入的增加会降低顾客的自我相关和他人相关的动机，进而导致顾客传播口碑的意愿降低[135]。Duan 等（2019）研究了货币奖励对买方的购买决策和评论贡献的影响，以及对卖方的价格决策和利润的影响。研究结果表明，金钱奖励高于一定阈值时才会提高评论数量和利润，而低于阈值则会产生负面影响[119]。Liu 等（2020）探究了平台通过提供优惠券、信用评分或其他财务激励来刺激用户发布评论，这些措施确实会增加顾客的评论意愿[136]。Bravo 等（2021）探究了平台的游戏化功能对于激励用户生成的内容的影响，研究表明与游戏化元素的互动能够促进心理需求满足和受控动机，进而促进了顾客的评论意愿[137]。

第二阶段：发布评论的内容

顾客在第一阶段决定发布在线评论后，会发布不同内容的在线评论。因此，研究者进而关注了顾客发布什么样的评论内容。现有研究主要关注了影响评论的评级和评论的质量两个方面的评论内容。

1. 评论评级

评论评级作为衡量顾客评论行为的重要指标，代表了顾客对服务或产品的满意度[59]。对于企业来说，保持良好的在线声誉至关重要。因此，很多研究人员从各种不同的角度探究影响顾客评级行为的因素。当顾客对企业的服务体验满意时，其情感处于愉快和兴奋状态，会想要发布积极的评论来分享和表达对企业的支持和满意[50]。而且当顾客对产品和服务感到满意时，他们倾向于发布评论来保持积极的情绪[138]。当服务失败的时候，顾客会产生负面情绪并且通过发布负面评论来发泄情绪和报复企业[139]。

首先，相关研究认为评论评级受到已有评论内容的影响[56]。即，在线产品和服务的评论评级是由顾客的实际服务消费体验和已有评论的社会影响组成的，顾客在做出自己的评级决定时倾向于考虑过去消费者在评论页面上表达的意见，其次相应地调整自己的评级。受此研究启发，很多学者开始探究已有评论对于后续评级的影响，并且认为在线评论的评级会受到已有评论的评级和数量的影响[57]。Moe 等（2011）发现如果已有评论之间的评级差异较大，后续顾客倾向于发布低级评级的评论[140]。Godes 和 Silva（2012）发现在线评论的评级会随着时间和评论顺序而变化，即产品和服务获得的评论越多，其评级就越低[141]。这是因为，过多的已有评论会导致消费者因信息过载而产生更多的购买错误，从而降低后续评论评级。Muchnik 等（2013）发现先前发布的评级会对顾客的评级行为产生不对称的社会影响，即负面评论会促使顾客纠正被操纵的评级，而积极的社会影响使积极评级的可能性增加了32%，并创造了累积的积极羊群效应，使最终评级平均增加25%[142]。Li 等（2019）认为，顾客的评级行为会表现出从众行为，即已有评论的评级和数量对于后续顾客评级有正向影响[143]。Li 等（2021）认为同一餐厅的平均评级对后续顾客的评级有正向影响，这是由于顾客会基于从众压力而选择与已有评论评级保持一致性[57]。Li 等（2023）发现当顾客观察到在入住后的评级相较于已有评论评级有所提升，这种正面评论感知不一致会激发顾客的利他行为进而提高评论评级[144]。

其次，学者们认为评论者的身份因素也会影响评论评级。Lee 等（2015）的研究表明，与陌生人的评论评级相比，顾客倾向于跟随朋友的评论评级。如果已有评论中包含朋友发布的评论，顾客则会倾向于模仿已有评论的评级，使评级出现羊群效应；而如果已有评论者为陌生人，顾客发布的评论会区别于已有评论评级，产生分化效应[145]。Zhang 等（2016）关注了专家评论对于后续旅客的评论行为的影响，认为专家评论会帮助顾客对酒店服务形成正确的预期并减少错误购买，因此专家评论数量的增加，会提高未来顾客的评论评级[146]。Pan 等（2018）证明了社会关系会影响用户的发帖行为，朋友的评论比陌生人的影响大得多，朋友的评论更能激发顾客的后续参与行为。具体来说积极的好友评论和消极的陌生人评论都对顾客评级行为有促进作用[147]。另外，评论者本身身份和特征的不同也会影响评论的评级。Li 和 Hitt（2008）的研究表明，早期评论者属于产品的倡导者，因此会给予产品和服务更高的评级。而随着时间的推移，后期的购买者趋向于理智和大众群体，因此后期的评级会降低[148]。Moe 和 Schweidel（2012）认为，频繁发布评论的顾客的评级更消极，也容易表现出与已有评论评级的差异行为。而不经常发布评论的顾客的评级更积极，且会表现出从众行为选择与已有评论评级相同意见[56]。Schlosser（2005）认为，身为专家的评论者会为了与普通群众的意见区分开来，而发布负面评论来突出他们的与众不同[149]。Zhang 等（2016）也认为随着顾客的评论专业水平的提高，顾客会发布更多消极的评论[146]。Li 等（2020）认为，相对于精英评论者，评论平台的非精英评论者更容易受到已有评论评级的社会影响，而选择与已有评级保持一致性[150]。Goes 等（2014）研究了评论者的社会网络结构对评论行为的影响，结果表明，受欢迎的评论者往往写得更多，且他们的评论往往更消极和客观[151]。同样地，Wang 等（2018）也发现更大的受众和同行评议作者群体会促使顾客写出更高但也更多样化的评级，并给出更多高质量的评论[152]。Kim 等（2022）研究了文化差异如何影响在线评论的产生，利用在线评论分析结果和实验数据表明与集体主义文化背景下的评论评级相比，个人主义文化背景下的顾客更倾向于关注近期的评论评级，并倾向于选择相同的评级[153]。

此外，学者们也关注到评论环境的变化引发的评论评级改变。例如，Huang

等（2017）关注了社交功能整合对于顾客评论行为的影响，认为社交媒体整合会增加用户群体和关注度，这会使有的评论者感知到社会压力，而有的顾客获得了更多的自我展示机会，进而使评论评级呈现增长的趋势[154]。Wang 等（2019）也表明平台与社交媒体整合后，增加了更多的受众和同行评论者，会促使用户提供更多高质量的评论，并给出更高但也更多样化的评级[155]。Banerjee 等（2021）研究了电商平台中的一种新型的顾客间互动方式——问答技术对于评论评级的影响，结果表明这种问答技术会提高产品和顾客的匹配度，减少错误购买导致的差评，进而提高了顾客的评级[156]。

最后，学者们认为企业管理和监管在线评论也会影响顾客的评级行为。Proserpio 和 Zervas（2017）认为，在酒店的管理者开始回复顾客评论后，酒店的评级会增加 0.2 颗星[157]。Chen 等（2019）则认为，企业的管理者回复在线评论会同时增加积极和负面评论[22]。根据 Wang 和 Chaudhry（2018）的研究，顾客将管理者对正面评论的回复视为一种促销活动和心理抗拒，因此后续顾客降低了评论评级。而管理人员对负面评论的回复被后续顾客视为服务补救，会提高顾客的服务满意度并增加后续评论评级[158]。

从上述的研究中可以看出，已有评论的评级和数量、评论者身份、社交整合、评论功能的变化都会影响在线评论的评级。而且，不仅已有评论的信息会影响评论评级，基于评论的互动也会影响评论评级。

2. 评论质量

随着评级内容的提升和评论数量的增加，评论质量成为学者们关注的另一个焦点。高质量的评论能使顾客获得更丰富和有用的产品信息，以降低感知风险[159]。现有研究从不同的角度探究了影响评论质量的因素。例如，Huang 等（2017）分析了社交整合如何影响用户生成内容的特征，认为在线平台与其他社交媒体服务的整合会提高评论数量和评级，但是会降低评论质量[154]。Liang 等（2022）探究了已有评论如何影响后续顾客的评论质量，认为基于多种社会影响理论分析证明已有评论质量可以显著地激励后续顾客贡献高质量的评论[160]。Ke 等（2020）使用了 Yelp 的数据，发现来自用户社交网络（如朋友）的贡献线索显著影响他们的评论提供[161]。具体来说，在已有评论中观察到有朋友的评论，那么顾客会基于竞争性利他主义，为了追求关注、地位和优势，从而更愿意发布评论，且顾客会在看到其朋友评论之后写出质量更高、篇幅更长、内容更新颖的评论。Tripathi 等（2021）研究了时间顺序上评论的评论情感和内容的变化，结果表明着评论顺序的增加，用户情绪强度、产品功能和使用语境的数量逐渐减少，这表明越早发布的评论其内容信息越丰富[162]。本节在表 2-5 中汇总了影响评论内容的因素。

表 2-5　影响评论内容的因素

评论内容	影响因素	参考文献
评论评级	服务满意或服务失败	Chen 和 Huang（2013）；Casidy 和 Shin（2015）；Anderson（1998）
	已有评论的数量	Li 等（2019）
	已有评论的评级	Muchnik 等（2013）；Moe 等（2011）；Li 等（2021）；Li 等（2023）
	顾客间互动	Banerjee 等（2021）
	商家回复	Proserpio 和 Zervas（2017）；Chen 等（2019）
	专家评论	Zhang 等（2016）
	评论者的发布频率	Moe 和 Schweidel（2012）
	早期和近期购买者	Li 和 Hitt（2008）
	评论者的专业水平	Zhang 等（2016）；Li 等（2020）
	评论者的文化差异	Kim 等（2018）
	评论者的受欢迎程度	Wang 等（2017）
评论质量	评论时间和评论顺序	Godes 和 Silva（2012）；Tripathi 等（2021）
	朋友的评论	Lee 等（2015）；Ke 等（2020）
	已有评论的质量	Liang 等（2022）
	评论时间和评论顺序	Godes 和 Silva（2012）；Tripathi 等（2021）

四、评论回复的相关研究

（一）评论回复的定义

评论回复是评价在线评论的内容，属于在线评论的子维度，同样具有数量、内容、时间和发布者等特征。评论回复的数量，指对在线评论进行回复的数量。评论回复的内容，指回复的文字、图片和视频，以及情感和质量等方面的信息。评论回复的时间，指发布评论回复的具体日期。评论回复的发布者，包括企业管理者和顾客，其中顾客又可以分为焦点顾客和其他顾客两种。基于现有研究，评论回复可以根据发布者身份不同分为三种类型：商家回复、追加评论和顾客回复。表2-6展示了评论回复的分类。商家回复是管理者管理在线评论的一种方式。追加评论是顾客对已发布初始评论的一种补充，也是体验产品过后的一种反馈。顾客回复是一种基于在线评论的顾客间互动方式。本书研究的内容为顾客回复。

表2-6　评论回复的类别

类型	发布者身份	概念
商家回复	管理者	管理者对在线评论的回复
追加评论	焦点顾客	发布在线评论的焦点顾客对已发布评论的追加评价
顾客回复	其他顾客	除管理者和焦点顾客外的其他顾客对在线评论进行的回复

评论回复与在线评论有两个方面的不同。一方面是评价对象的不同，在线评论是针对某一产品的评价，而评论回复的评价对象不仅包括产品，还包括对在线评论本身的评价。另一方面是发布者身份不同，在线评论往往是顾客发布的，但是评论回复可以是管理者和顾客。表2-7汇总了两者的不同。

表2-7　评论回复和在线评论的对比

对比属性	在线评论	评论回复
评价对象	产品或服务	产品或服务、在线评论
发布者	顾客	顾客、商家

（二）评论回复的相关研究

根据评论回复的发布者身份，本书将评论回复的研究分为三个方向。学者们探究了商家回复的影响，主要包含商家回复影响和商家回复策略有效性两个角度。

一方面，学者们研究了商家回复对于顾客和企业的影响。首先，商家回复会影响顾客的评论行为，包括评论评级和评论数量。例如，Proserpio 和 Zervas

（2017）讨论了商家回复对企业在线评论的影响，研究表明企业采取商家回复后评论评级增加了 0.2 星，评论数量增加了 12%[157]。在这项研究之后，Chevalier 等（2018）和 Chen 等（2019）也进一步探索了商家回复对后续评论行为的影响，发现商家回复会增加后续评论数量[22,51]。Chevalier 等（2018）证明商家回复降低了评论评级[51]，但 Chen 等（2019）没有发现商家回复和评论评级之间的有显著的影响。Wang 和 Chaudhry（2018）的研究区分了商家回复不同影响，认为对负面评论进行商家回复可以提高后续评论的评级，但对正面评论进行商家回复反而会对后续顾客的评论行为有负面影响[158]。李宗伟等（2021）利用淘宝评论数据进行实证检验，证明商家回复可以提供后续评论的评论长度和图片数量，会促进高质量评论的数量[52]。Lan 等（2022）利用民宿的评论数据探究了商家回复对于评论数量的影响，研究结果表明及时且内容较多的商家回复会增加后续评论的数量，并且对于高等级民宿的影响更大[163]。Liu 等（2022）利用 200 多万条酒店评论数据，证实了商家回复会提高低端酒店的后续评级，不过该影响边际效用递减。且该影响会受到消费者特性的调节，对于有经验的顾客，商家回复的有效性会减弱[164]。其次，商家回复会影响顾客的满意度。Sheng 等（2019）测试了商家回复对于回头客的未来满意度的影响，实证结果表明商家回复能提高回头客的未来满意度，如果回头客在已有评论得到商家回复，其后续评论评级会更高[165]。Zhao 等（2020）利用顾客的追加评论分析商家回复对于顾客的内在满意度的影响，认为商家回复可以提高顾客的满意度[166]。Xu 和 Zhao（2022）探究了商家回复的不同内容维度会影响顾客满意，研究认为商家回复的可读性正向影响顾客的再次访问的满意度，但是商家回复的情感会负向影响顾客再次访问的满意度[167]。再次，商家回复会影响企业的竞争绩效，Lui 等（2018）的研究证明了商家回复的数量对酒店的竞争绩效有正向影响[168]。最后，商家回复还会影响评论的帮助性和有用性，Chen 等（2021）探究了商家回复对于评论特性和评论帮助性之间的调节作用，结果表明商家回复得越及时调节作用越明显，商家回复的内容篇幅越长调节作用越弱[169]。陈远高等（2021）也认为管理者回复可以调节在线评论和感知有用性之间的影响[21]。

另一方面，学者们关注了如何提高商家回复策略的有效性。例如，Xu 等（2020）基于二手数据分析和实验数据分析的混合方法探究了商家回复与顾客评论努力的关系，结果表明接收到更多商家回复的用户，往往会付出更多的评论努力，并且该影响会受到专家评论数量的调节[170]。Deng 等（2021）采用了情感分析和话题建模等文本挖掘技术来开发了一个框架，将商家回复分为四类（承认、说明、行动和影响）来探究其影响，结果表明承认和行动对评论评级有显著影响[171]。Liu 等（2021）探究了商家回复的内容对于顾客评论的影响，利用 TripAdvisor 上来自 868 家酒店的 334671 条评论和 169794 条商家回复的面板数据进行实证检验，发现相似的回复内容只会降低后续证明评论的数量，而对负面评论的数量则没有影响[172]。Palese 等（2021）研究了住宿行业管理者对在线评论的回复的内容如何影响竞争效应，通过文本挖掘和主题建模证明了与评论内容一致的商家回复对酒店的竞争绩效有积极的影响[173]。Lan 等（2022）的研究结果表明，及时且内容丰富的商家回复会增加后续的评论数量，且该影响受到酒店等级的调节，对于更高级别的酒店影响更大[163]。Ravichandran 和 Deng（2022）通过对旅游评论数据进行文本分析探究如何利用商家回复进行服务补救，结果证实了理性线索多于情感线索的商家回复会对未来评论效价产生正向影响，且可以减少类似投诉的发生[174]。Zhang 等（2022）的研究表明匹配的语言风格和低相似性的商家回复可以激励消费者对相应的评论做出"有益"的投票，提高评论的感知有用性[175]。

学者们关注了追加评论的影响。例如，王长征等（2015）基于归因理论，探究了追加评论和一次性评论对感知有用性的影响，研究结果表明含追加的评论具有更高的感知有用性，而且相较于一致性评论，含追加的评论中的矛盾评论有更强的评论有用性感知[23]。石文华等（2016）认为，评论之间情感的不一致性会提高顾客的购买意愿和评论感知有用性[176]。孙锐和李星星（2017）研究表明追加评论与初始评论的情感不一致性会引发顾客的矛盾性认知，降低顾客的购买意愿[177]。李琪和任小静（2017）探究了追加评论和初始评论情感不一致对感知有用性的影响，研究结果表明相对于情感一致性，追加评论和初始评论情感不一致的感知有用性更高，而且初始评论为正面而追加评论为负面的评论感知有用性显著高于其他情感不一致的评论[178]。王翠翠和高慧（2018）认为，追加评论与初始评论的情感不一致性会提高顾客的感知有用性[179]。石文华等（2018）探究了追加评论对产品销量的影响，研究结果表明相比于初次评论，追加评论的情感越积极，对销量影响越大[180]。袁海霞等（2019）分析了包含追加评论的在线评论对在线销售影响的边界条件，研究认为不同内容属性的信息结构和消费者偏好差异性会调节追加评论对于销量的影响[181]。Yin等（2021）也认为，包含追加评论的评论对产品销售有积极影响[182]。

有学者关注了顾客回复的影响。例如王彦博等（2020）的研究表明，顾客回复与初始评论的情感不一致，可以提高顾客态度和购买意向的一致性，降低顾客的决策困难[183]。

上述研究中可以看出，学者们对评论回复展开了较为丰富的探究，但是主要集中在商家回复和追加评论，对于顾客回复的探究较为缺乏。可以看出，商家回复对于顾客评论行为，企业绩效以及顾客满意度都有积极的影响。而且，追加评论会影响评论感知有用性、购买意愿和产品销量等。表2-8汇总了评论回复的影响。

表2-8　评论回复的影响

评论回复类型	评论回复的影响	相关文献
商家回复	评论数量	Chen等（2019）；Chevalier等（2018）；李宗伟等（2021）；Liu等（2021）；Lan等（2022）；Proserpio和Zervas（2017）
	评论评级	Chevalier等（2018）；Wang和Chaudhry（2018）；Sheng等（2019）；Deng等（2021）；Liu等（2022）；Ravichandran和Deng（2022）；Chen等（2019）
	顾客满意度	Xu和Zhao（2022）；Zhao等（2020）；Sheng等（2019）
	企业绩效	Lui等（2018）；Palese等（2021）
	评论帮助性	Chen等（2021）；Zhang等（2022）
	感知有用性	陈远高等（2021）
	评论努力度	Xu等（2020）
	感知公平	韩英等（2022）
追加评论	感知有用性	王长征等（2015）；李琪和任小静（2017）；石文华等（2018）；王翠翠和高慧（2018）；Zhang等（2022）
	购买意愿	孙锐和李星星（2017）
	产品销量	石文华等（2019）；袁海霞等（2019）；Yin等（2022）
顾客回复	购买意向一致性	王彦博等（2020）

第三节　顾客间互动综述

一、顾客间互动的定义

顾客间互动的概念起源于 Eiglier 和 Langeard（1977）提出的服务系统模型中的术语"顾客 B"（Customer B）的概念，其强调了服务场景中其他顾客的重要性以及他们在服务体验中扮演的角色[184]。Solomon 等（1985）的研究也把其他顾客看作是服务场景中的重要社会因素[62]。但是这些研究并没有深入探究顾客与其他顾客互动的影响，也没有明确顾客间互动的概念内涵。

顾客间互动的概念最早是在 Martin 和 Pranter（1989）研究管理顾客的文章中被提出的。Martin 和 Pranter（1989）全面探究了顾客间互动的重要性，认为随着网络沟通方式的到来，顾客的社交技能受到了限制，因此购物过程中顾客间互动对于吸引顾客前来消费和提高顾客满意度发挥着重要作用[185]。随后，大量学者开始关注顾客间互动的重要性。尤其是随着服务主导逻辑（Service-Dominant Logic）的发展[35]，顾客作为价值共同创造者的角色受到了大量的关注，从而推进了管理学和营销学领域的学者对于顾客间互动的探讨[186]。

目前，顾客间互动的概念还没形成一个完全统一的学术定义。随着实践和研究的发展，学者们从不同的角度对其概念进行了界定。Harris 等（1995）将顾客间互动概念定义为陌生人与顾客之间可观察到的口头参与[187]。Libai 等（2010）认为，顾客间互动就是指将信息从一个顾客（或一个顾客群）传递给另一个顾客（或另一个顾客群）的过程[34]。Choi 和 Kim（2020）认为，顾客间互动包含顾客之间的情感、感觉和信息的交换[188]。Lin 等（2020）把顾客间互动看作是一个交换过程，个体之间交换信息、情感和感觉，以促进一种关系的发展[39]。

从上述研究可以看出，顾客间互动的内涵强调了交换过程。本书探究的顾客间互动是一种信息的双向传递过程，焦点顾客发布初始评论，顾客回复初始评论。因此，本书采用 Lin 等（2020）的定义，认为顾客间互动是顾客之间交换信息、情感和感觉的过程。

二、顾客间互动的类型

在现有研究中，对于顾客间互动的类型主要是依据研究的场景和实证背景进行的分类，并依据互动的主体特征、互动的内容、互动的方式、互动的场景以及互动的结果进行了划分，并将结果总结在表 2-9 中。

表 2-9　顾客间互动的分类结果

分类标准	顾客间互动类型	参考文献
互动主体	朋友互动，相邻顾客互动以及和观众互动	Choi 和 Kim（2020）
	一对一互动，一对多互动以及多对多的群组互动	Libai 等（2010）
	陌生人之间的互动和熟人之间的互动	Baron 和 Harris（2010）
互动内容	与任务相关的互动和与任务无关的互动	Martin（1996）
	身体互动、智力互动和情感互动	Meyer 和 Westerbarkey（1994）
互动方式	直接互动和间接互动	Martin 和 Pranter（1989）
	语言互动和非语言互动	Lin 等（2020）
互动场景	在线顾客间互动和线下顾客间互动	Harris 等（2000）
互动结果	正向顾客间互动和负向顾客间互动	Luo 等（2019）

第一，按照互动主体的特征进行划分。Libai 等（2010）按照互动主体的数量，将顾客间互动分为一对一互动，一对多互动以及多对多的群组互动[34]。Baron 和 Harris（2010）根据互动主体的关系，把顾客间互动分为陌生人之间的互动和熟人之间的互动[189]。Choi 和 Kim（2020）将互动按照参与者的身份不同，分为朋友互动、相邻顾客互动以及和观众互动三种类型[190]。朋友互动是顾客对于他们有紧密联系的人（如朋友、家人）互动的感知。邻近顾客互动是顾客对与附近陌生顾客的显性言语互动的感知。受众互动是顾客对隐性互动的感知，这种隐性互动可能在与其他顾客（即观众）没有任何可见或可闻的活动的情况下发生。

第二，按照互动内容进行划分。Martin（1996）将顾客间互动分为与任务相关的互动和与任务无关的互动。与任务相关的互动是指顾客之间传递与产品相关的信息互动，与任务无关的互动是指顾客之间传递的信息和情感与产品和服务无关的过程[191]。Meyer 和 Westerbarkey（1994）将顾客间互动按照互动的内容分为身体互动、智力互动和情感互动[192]。身体互动是指顾客身体的接触，智力互动代表了信息传递，情感互动是指顾客之间情感的传递。

第三，按照互动方式进行划分。根据互动的方式，Martin 和 Pranter（1989）把顾客间互动分类为直接互动和间接互动[185]。直接互动包括顾客之间通过语言、眼神和姿势等方式进行直接的信息传递和人际互动，间接互动是指其他顾客作为服务环境中的一种要素，顾客通过观察其他顾客的行为和存在而间接地受到影响。Lin 等（2020）首先把顾客间互动分为语言互动和非语言互动两个方面，其中非语言的部分包括面部表情的互动、身体姿势的互动等[193]。

第四，按照互动场景进行划分。随着网络技术的发展，服务场景不仅包含面对面的物理环境，还包括在线的沟通渠道。Harris 等（2000）按照服务场景的不同，把顾客间互动划分为在线顾客间互动和线下顾客间互动[194]。线下顾客间互动是指顾客与顾客面对面的交流过程。在线顾客间互动是指在社交媒体、品牌社区、电子商务平台等在线平台上的顾客间信息和情感等方面的交换。

第五，按照互动结果进行划分。Luo 等（2019）把顾客间互动分类为正向顾客间互动和负向顾客间互动[27]。其中，正向顾客间互动是指顾客与其他顾客，包括员工的互动行为和过程，能共同提供更高质量的服务。而负向顾客间互动是顾客参与了消极的公共行为，导致共同创造过程的价值降低。

从上述研究中可以看出，早期探究顾客间互动的文献多集中在面对面的顾客间互动。但随着社交媒体的发展，在线平台成为顾客间互动的重要场所而开始受到研究者的关注。尤其是基于去中心化的平台设计，顾客已经习惯于在社交平台、品牌社区、电商平台、知识论坛等平台进行情感分享、信息传播、社会联系、知识交换和学习。本书探究的就是电商平台背景中的顾客间互动。在线顾客间互动不同于面对面互动将传递方式局限于文字沟通，在线顾客间互动有不同的顾客间互动特征。本书从在线服务环境的特征进行一个新的划分类型，把电商平台中的顾客间互动分为单向顾客间互动和双向顾客间互动，其中单向顾客间互动是指顾客发布评论和浏览评论的单向口碑传播过程，双向互动是包含焦点顾客发布评论后顾客回复和点赞评论的互动方式。本书主要研究的就是电商平台中的基于在线评论的顾客回复的互动方式。

三、顾客间互动的影响因素

无论是线下面对面的服务环境还是线上沟通环境，存在多位顾客是很常见的[195]。甚至在某些场景中，顾客间互动比顾客与员工的互动更为频繁和密集[191,196]。随着顾客对服务体验过程中其他参与者的越发重视，顾客间互动逐渐成为影响顾客服务满意度的重要因素之一[38]。在顾客间互动的研究中，学者关注影响顾客间互动的因素，以此加深对其的了解和认知。

首先，学者们分析了互动主体的特征如何影响顾客间互动。例如，Nicholls（2015）的研究认为，顾客的年龄差异会影响顾客间互动，顾客对于年龄的认同导致身份认同，因此年龄差异会导致顾客间互动的冲突增多[197]。Harris 和 Baron（2004）认为在服务场景中，顾客与顾客的距离越近越有可能发生互动，且顾客在该场景下停留的时间越长越有可能发生互动[33]。Albinsson 和 Yasanthi（2012）发现顾客之间有品牌爱好会更愿意发生交互[198]。Choi 和 Kim（2020）分析了顾客与朋友、相邻顾客和观众的互动如何影响顾客情绪和品牌忠诚[190]。

其次，学者们分析了互动环境如何影响顾客间互动。Moore 等（2005）认为，积极的服务氛围会增加顾客间互动的频率[199]。Nicholls（2010）认为，娱乐、交通、酒店、零售以及教育等场景是顾客间互动最为广泛存在的场景，研究认为，在大众服务环境下，顾客往往会集体等待，共享空间、时间或服务设备，很容易引发顾客间互动[32]。Becker 和 Pizzutti（2017）对比研究了线下和线上零售环境中顾客间互动对于体验价值、满意度和积极情绪的影响[28]。

再次，学者们分析了互动方式如何影响顾客间互动。王凤玲等（2017）探究了线下服务场景中顾客间不良互动的影响，通过实验表明顾客间的不良互动和积极互动对于顾客的体验都有正向影响[200]。Wu（2008）认为，"礼仪和社交事件""粗暴事件"和"不满事件"的顾客间互动对客户忠诚度和满意度的影响不同[26]。Jung 和 Yoo（2017a）探究了积极和消极的顾客间互动如何影响顾客公民行为[201]。

复次，学者们分析了互动内容如何会影响顾客间互动。Kim 和 Baker（2020）分析了传递信息和情感的顾客间互动对于服务补救效果的不同影响[202]。Izogo 等

（2021）分析了对产品评价的口碑态度不一致的顾客间互动，如何影响口碑参与意愿和回购意愿[45]。

最后，学者们分析了一些其他影响因素对顾客间互动的影响。Parker 和 Ward（2000）探究了在产品或服务的风险和涉入度不同的背景下顾客间互动的情况，结果表明高风险和高涉入度的服务会激发更多的顾客间互动[203]。Harris 和 Baron（2004）认为有四种因素影响顾客间互动，包括个体特征、自我需求、员工因素以及服务环境[33]。Heinonen 等（2018）认为，顾客会出于对信息的渴求、情感的宣泄以及自我价值的实现等原因而与其他顾客发生互动[204]。

从上述研究中可以看出，互动主体、互动场景、互动方式、互动内容等因素都会影响到顾客间互动。表 2-10 汇总了影响顾客间互动的因素。

表 2-10　影响顾客间互动的因素

影响因素	具体内容	相关文献
互动主体	顾客之间的年龄差异	Nicholls（2015）
	顾客之间的空间距离	Harris 和 Baron（2004）
	顾客之间品牌爱好	Albinsson 和 Yasanthi（2012）
	顾客之间身份差异	Choi 和 Kim（2020）
互动场景	积极的服务氛围	Moore 等（2005）
	大众服务环境	Nicholls（2010）
	线下和线上零售环境	Becker 和 Pizzutti（2017）
互动方式	不良互动和积极互动	王凤玲等（2017）；Wu（2008）
	积极和消极的顾客间互动	Jung 和 Yoo 等（2017a）
互动内容	信息和情感的顾客间互动	Kim 和 Baker（2020）
	口碑态度不一致	Izogo 等（2021）
其他因素	产品类型	Parker 和 Ward（2000）
	顾客自我需求	Harris 和 Baron（2004）；Heinonen 等（2018）

四、顾客间互动的作用结果

在服务场景中，顾客的服务过程不仅会受到与服务提供者互动的影响，还会被顾客间互动所影响。顾客间互动可以通过特定的人际交往直接影响到顾客，还可能会通过成为服务环境的一部分而间接影响到顾客[26]。已有研究主要通过关注顾客之间的人际互动行为以及其他顾客的在场行为探究顾客间互动的影响。

首先，顾客间互动会影响服务体验。Harris 和 Baron（2004）认为，顾客与陌生人互动能稳定顾客的服务期望和体验感知，而与朋友互动则能缓解服务过程的不满意[33]。Wu（2008）研究了顾客间互动对于顾客感知的影响，认为"礼仪和社交事件"对顾客满意度有显著的正向影响，而"粗暴事件"和"不满事件"对顾客忠诚度和满意度都有显著的负面影响[42]。Yoo 等（2012）分析了现场服务环境中顾客间互动对于顾客角色感知的能力，认为顾客间互动通过角色感知影响顾客参与服务过程的意愿、感知质量和满意度[205]。刘容和于洪彦（2017）研究了在线品牌社区背景下顾客间互动对于顾客服务体验的影响，认为顾客间互动能提高顾客的控制感和融入感，进而对顾客的愉悦体验产生正向影响[206]。Jung 等（2017b）认为顾客间互动可以带来良好的服务氛围感知，并通过溢出效应，将这种积极氛围影响传递给其他顾客和员工[38]。Bacile 等（2020）利用顾客在社交媒体上发布的投诉信息，通过网络图的方法研究企业在线补救过程中不文明的顾客间互动方式对于服务补救的负面效果，认为会增加顾客经历双重失败的可能性[207]。Ji 等（2018）的研究表明餐厅社交环境中其他顾客的存在会形成潜在的顾客间互动，进而共同创造一种就餐体验，并刺激用餐结果，即食物依恋和用餐频率[208]。Altinay 等（2019）认为老年顾客与其他顾客的互动对顾客满意度和社会幸福感均有直接影响[209]。Johnson 等（2019）的文献证明了，对于怀疑主义的顾客，顾客间互动能提高其服务满意度和利他行为的参与度[210]。Lin 等（2020）研究了非语言的顾客间互动通过影响顾客情绪的积极或消极，进而对顾客满意与顾客忠诚产生影响[193]。

其次，顾客间互动会影响价值创造。由于顾客的价值感知是基于他们对所参与的活动和体验的评价而形成的[211]，与其他顾客的互动可能是顾客价值共同创造过程的关键来源。顾客交互各种类型的信息，创造不同的价值。因此，很多学者关注顾客间互动对于价值创造的影响。Luo 等（2019）认为积极的和消极的顾客间互动对于顾客服务反应的影响存在差异，两种互动的影响存在不对称性[27]，积极的顾客间互动属于价值共创，而消极的顾客间互动则是价值毁灭。相较于价值共创，价值毁灭更能影响服务质量感知。Bacile（2020）研究了在线恢复过程中顾客间互动如何影响顾客的体验价值[25]。研究利用了在线面板的调查数据和最小二乘结构方程模型，结果表明不文明的顾客间互动会影响到互动公平，互动公平进一步影响到顾客感知的社交价值、享乐价值、实用价值。Paker 和 Gök（2021）探究了顾客互动对于游艇航行者价值感知的影响，研究结果表明顾客间互动显著影响风险感知，风险感知与价值感知呈负相关[212]。Sithole 等（2021）探究了传统金融服务环境中顾客间共同创造体验的影响，研究表明顾客与顾客的互动能共同创造体验，进而正向影响认知、财务、个人和社会体验[213]。

再次，顾客间互动对品牌的构建与发展也会产生影响。邱琪等（2015）探究了顾客间互动与品牌价值之间的关系，基于需求理论认为顾客间互动能提升品牌的象征价值[214]。张静等（2022）关注了社交平台中顾客间互动对于顾客品牌契合的影响，认为在线顾客间互动通过影响顾客的感知价值（功能价值、情感价值和社会价值），提高了顾客品牌契合[215]。Choi 和 Kim（2020）的研究认为顾客与朋友、相邻顾客和观众进行互动可以影响顾客的高唤起情绪（愉快、兴奋和高兴）和低唤起情感（安全和信心），通过影响顾客情绪进而影响到品牌忠诚度[190]。Carlson 等（2021）发现在线评论社区中顾客间互动会提高用户的参与度，并增强客户对品牌的忠诚度[41]。Xu 等（2021）认为在线社区的用户与他人互动后，其品牌依恋和社会幸福感会增加[46]。

最后，顾客间互动还会影响到顾客的行动和意愿。Choo 和 Petrick（2014）探究了农家游客的社会互动如何影响他们的满意度，进而影响他们的重游意愿。本书采用社会交换理论和资源理论，提出与服务提供者、当地居民、同伴游客和其他顾客的社会互动影响满意度，进而影响重游意愿[216]。Goes 等（2014）关注了在线社区中，平台用户订阅感兴趣用户的互动行为的影响，结果表明随着用户受到更多的订阅，该用户会变得更受欢迎，也更有可能发布更多的评论和更客观的评论[151]。Jung 等（2017a）的研究结果表明积极的顾客间互动会导致积极的顾客公民行为[201]。Kim 和 Baker（2020）针对服务生态系统中的多个参与者的行动进行了分析，研究了在服务恢复时，顾客间的信息和情感传递的互助行为，以及员工的越界行为，对于接受帮助的人和提供帮助的人的影响，结果表明顾客间互动不仅会提高服务补救满意度，还会增加顾客的帮助意愿[202]。荆磊和于洪彦（2020）的研究表明品牌社区中的顾客间互动，包括文化认同行为、体验沟通行为和社群维护行为都会对顾客的购买意愿产生积极影响[87]。根据 Carlson 等（2021）的研究，社区成员之间的情感和信息交流将加强他们对在线社区的行为忠诚[41]。Izogo 等（2021）指出社交媒体上的顾客间互动会影响顾客的回购意愿和社交媒体参与度，发布积极口碑的顾客被其他顾客反对后，会有更高的口碑参与意愿；而负面口碑的顾客被其他顾客赞同后，会有更高的回购意愿[45]。Van Tonder 等（2021）研究在金融服务关系中，其他顾客帮助能导致顾客更高水平的情感承诺，进一步促发更多的利他性赠送行为，如顾客帮助和倡导行为[217]。Banerjee 等（2021）研究了电商平台中的顾客间互动，研究结果表明，这种在线评论系统之外的顾客间互动，会提高产品和顾客之间的匹配性，进而提高评论系统内的评论评级[156]。可以看出，在线评论中顾客间互动会影响顾客评论行为。

从上述文献中可以看出，早期顾客间互动的研究主要集中在服务过程中的面对面的顾客接触场景。随着网络和社交技术的进步，服务场景随着网络技术的发展延伸到在线领域，顾客之间通过在线平台进行联系变得更加频繁和方便，在线顾客间互动也成为顾客获取信息和情感等交换的重要领域。基于在线顾客间互动与传统面对面顾客间互动场景的差异性，研究者开始立足具体的在线场景探究在线顾客间互动的相关问题。本节在表 2-11 中按照平台背景汇总了顾客间互动的影响结果，可以看出，顾客间互动会直接影响顾客的服务体验、价值创造、品牌忠诚度、品牌依恋、顾客参与行为、公民行为、行为意愿、评级行为、品牌忠诚及品牌依恋等方面。

表 2-11 顾客间互动的影响

服务场景	研究变量	相关文献	影响结果
线下服务场景	顾客间互动	Harris 和 Baron（2004）	服务期望和体验感知
		Yoo 等（2012）	参与服务过程的意愿、感知质量和满意度
		邱琪等（2015）	品牌象征价值
		Becker 和 Pizzutti（2017）	体验价值、满意度和积极情绪
		Jung 等（2017b）	氛围感知
		Kim 和 Baker（2020）	帮助意愿和满意度
		Jung 等（2017a）	公民行为
		Altinay 等（2019）	满意度和社会幸福感
		Johnson 等（2019）	服务满意度和利他行为
		Luo 等人（2019）	服务质量感知
		Paker 和 Gök（2021）	风险感知和价值感知
		Sithole 等（2021）	认知、财务、个人和社会体验
		Van Tonder 等（2021）	利他性赠送行为
	不文明顾客间互动	王凤玲等（2017）	服务体验
		Wu（2008）	顾客忠诚度和满意度
	非语言顾客间互动	Lin 等（2020）	顾客满意和忠诚
线上服务场景	品牌社区中顾客间互动	Goes 等（2014）	顾客评论行为
		刘容和于洪彦（2017）	服务体验
		Choi 和 Kim（2020）	唤起情绪和品牌忠诚
		荆磊和于洪彦（2020）	顾客购买意愿
		Carlson 等（2021）	行为忠诚
		Bacile（2020）	社交、享乐和实用价值
		张静等（2022）	功能价值、情感价值、社会价值和品牌契合
	社交平台中顾客间互动	Izogo 等（2021）	回购意愿和社交媒体参与度
		Bacile 等（2018）	服务补救
	电商平台中顾客间互动	Banerjee 等（2021）	评论评级

　　为了区分本书的研究背景，本章将在线顾客间互动按照平台的不同特点进行分类。社交平台和品牌社区旨在提供互动场景，帮助顾客之间建立联系；而电商

平台则主要关注买卖双方的购物行为，较少突显顾客之间的互动功能。因此，本书将在线顾客间互动分为三类：品牌社区中的顾客间互动、社交平台中的顾客间互动及电商平台中的顾客间互动。目前，已有大量研究聚焦于社交媒体和在线品牌社区中的在线顾客间互动，探讨了顾客间互动对顾客服务体验、价值创造以及品牌忠诚度的影响。相比之下，基于在线评论的电商平台背景下的顾客间互动文献相对较少。因此，本书将重点关注电商平台中基于在线评论的顾客间互动，并探究其影响。

第四节 相关研究理论综述

一、社会学习理论

社会学习理论（Social Learning Theory）最早是由美国学者 Bandura 在 1977年提出的概念[218]。该理念起初是为了解释个人在社会环境中进行学习的目的，认为社会学习就是个体通过对环境采取行动而获得知识、经验、技能等方面的过程。Bandura（1989）从观察学习和榜样模仿的角度对社会学习理论进行了更为详尽的解释。其认为个体的社会学习一方面可以通过亲身实践和行动获得学习结果；另一方面也可以通过观察他人实践的过程和行动导致的结果了解和掌握相应的结果。也就是说，从社会学习理论的角度来说，个体的社会行为不仅会受到过去自身实践得到的经验指导，还会被观察到的他人的实际行动和相应后果所影响[219]。

目前，学者们针对社会学习理论的研究主要有两个方向：一是探究社会学习理论范畴中的相关概念，例如观察学习理论、榜样模范理论、替代理论、强化理论等一系列相关的理论概念和内涵；二是利用社会学习理论进行实证分析。例如，Miller 和 Morris（2016）从社会学习理论的视角，研究了线下面对面和线上虚拟环境中的同伴对于青少年犯罪行为的影响，实证结果表明，无论是虚拟同伴还是面对面同伴，都与数字和传统犯罪有关[220]。李宇佳等（2021）探究并分析了新型社交媒体中，平台用户的社会化阅读行为的形成机制，利用社会学习理论和自我决定理论对内在心理动机进行了分析[221]。王凯等（2022）的研究基于制度逻辑和社会学习理论，探究了国有企业领导者变更对于公司政策的影响，研究结果表明之前领导如果晋升，新领导会模仿前领导制定的决策；如果之前的领导降职，新领导则会较大可能进行改革[222]。总结来说，社会学习理论的文献大多集中在行为学、心理学、管理学和教育学等领域，主要用来解释个体在社会环境中如何通过模仿和学习他人的行为和行为结果，来构建自身的认知，并以此来影响最终的决策和行为。

二、强化理论

强化理论（Reinforcement Theory）也被称为行为强化理论（Behavioral Reinforcement Theory），是 Skinner（1966）提出的一种心理学理论。该理论认为个体的行为出现变化是由于强化作用，通过对个体的行为进行奖励、称赞、认可等积极措施可以使个体的行为被激发，并维持和巩固[223]。Skinner（1966）把强化理论分为正强化和负强化两种，正强化是指个体采取一定行动后如果该行为的后果对其有利，则这种行为会重复；负强化是指该行为的结果对其产生不利时，这种行为就会减弱或消失。

在现有研究中，强化理论主要被应用在各种领域的行为改造，并在教育、医疗以及管理等领域被广泛应用于个体的行为改造。例如，田岩（2011）探究了如何利用强化理论对员工进行激励，以此提高团体工作效率和满意感[224]。Lee 等（2012）从脑科学的角度分析了强化学习的生理机制，证实了大脑中存在奖励机制，用更新价值函数来判断是否选择某一行动[225]。Weitzl 和 Hutzinger（2018）利用强化理论解释了在线服务补救的效果，认为企业的服务补救行为会被顾客看作是一种奖励结果，会降低服务失败的负面影响[30]。邓芳等（2022）利用强化理论探究了如何利用正强化与负惩罚的代币系统对驾驶行为进行引导和塑造，研究表明根据具体的驾驶行为设定相应的惩戒更有效[226]。

本书利用社会学习理论和强化理论解释在线评论中顾客回复对后续顾客评论行为的影响。首先，顾客的评论行为除了自身服务体验，还会受到外在因素的影响。顾客回复属于外在因素，并且是通过他人行为对后续顾客产生影响。社会学习理论可以解释被观察到的他人的实际行动所影响的机制，对解释在线评论中顾客回复具有一定的适用性。其次，顾客在发布评论时，受到激励会增加评论行为，而受到惩罚会减少评论行为。根据强化理论顾客发布评论后获得顾客回复，会视为获得奖励，进而激励其继续发布评论。社会学习理论解释了他人行为间接对个体的影响，强化学习理论解释了获得奖励对个体行为的影响，两种理论结合后可以共同解释他人行为对个体行为的积极影响。因此，本书选取了社会学习理论和强化理论，解释了顾客回复被后续顾客视为一种奖励，进而鼓励后续顾客发布评论的影响机制。

三、社会压力理论

社会压力理论（Social Pressure Theory）认为社会压力是可以使个体或者组织的行为活动符合一定的社会规范或者达到特定目的的社会力量[227]。Latané（1981）认为社会压力有两种来源：一是社会规则或者集体秩序使个体和群体自觉地对其行为和活动进行规范性约束，二是群体组织（包括正式和非正式组织）会对个体和群体的活动产生约束和限制性[227]。当个体面临的社会压力在其可以承受的范围之内，且被个体觉察到时，个体会产生紧迫感、危机感、使命感和责任感，进而产生自我动力和热情，并采取相应的积极行动；如果压力超过个体的承受范围，个体会有焦虑感和压力感，也会采取相应的行动规避压力和风险[227]。

社会生活中的大部分人都会感受到周围群体和个人带给自己的压力，已有的研究也表明这种社会压力会对个体和组织的行动和认知产生较大的影响。例如，Gerber 等（2008）认为，通过提高监管监视的范围，选民的投票率会增加[228]。Mann（2010）认为相较于口头劝说的方式，采用不干扰选民的更温和的社会压力方式更成功地动员选民投票[229]。Panagoupoulos（2013）分析了不同社会压力方式对于选民的亲社会行为，结果表明表扬参选选民的激励处理，会激发选民的骄傲情绪，进而提高投票率；惩罚不参选选民的羞耻处理会使选民产生羞愧的消极情绪，也能提高投票率[230]。任月君和郝泽露（2015）的研究表明，通过提高企业环境信息披露水平，以及舆论和政府的监管程度，可以通过提高企业的社会压力进而促进企业的环境治理[231]。李晴蕾和王怀勇（2019）分析了在不同社会压力场景下，个人决策和助人行为动机的影响。实验结果表明，在高社会压力下，高敏感的个人的捐献金额会更多[232]。从上述研究中可以看出，社会压力会提高个体和组织的亲社会行为。

本书利用社会压力理论解释在线评论中顾客回复对后续顾客评级行为的影响。顾客的评论评级不仅会受到服务质量的影响,还会受到社会压力的影响。当顾客在发布评论时感受到社会压力,他会为了表现自己友好而选择发布更高评级的评论。顾客回复是一种交流和互动的行为,这种行为让顾客感知到评论被关注和讨论的压力。根据社会压力理论,当后续顾客因顾客回复感受到社会压力,其会发布积极评论来展示自己的友好形象。因此,本书选择了社会压力理论顾客回复是如何影响后续顾客的评论评级。

四、一致性理论

一致性理论(Consistency Theory)是认知一致性理论(Cognitive Consistency Theories)的一部分。认知一致性理论盛行于 20 世纪 40~60 年代,主要是探究多种因素如何共同影响个人的认知,包括一致性理论、认知失调理论、对称理论以及平衡理论[233]。一致性理论是指当一个意见来源赞扬或贬损某个对象时,接收者会根据本身的态度和来源的看法进行结合,并对该对象的态度进行判断[234]。

一致性理论不仅可以用来解释单一来源信息的影响,还可以为多信息来源提供预测[235]。Walther 等(2012)就利用一致性理论分析了多个信息来源对于顾客态度的影响认为两个独立来源的两个连续消息是分为两个阶段影响个体对于产品(或服务)的态度[236]。第一阶段,单一信息和个体都分别对对象做出预测(也就是表达态度),同时激活了一致性理论,使个体在第一阶段对对象的态度发生了变化。第二阶段,从第一个阶段衍生出来的对对象的态度作为过渡的态度——成为初始的态度,因此第二个来源通过与第一个来源的一致或不一致来赞同或诋毁对象,第二次激活适当的一致性操作。

现有研究主要利用一致性理论探究信息的一致性或不一致性对于顾客的认知和行为的影响。例如,Jonas 等(1997)的研究认为,顾客在购买决策前阅读到评价不一致的信息会导致态度矛盾,这会进一步导致其购买意愿和行为意图的一致性[237]。Wang 等(2015)分析了矛盾信息和个体特征对于消费者态度的影响,实证结果表明对于低辩证法的人来说,混杂的信息比消极或积极的信息更让人感到矛盾和不安;反而对于高辩证法的人来说,单一的负面信息比混合信息产生同样高的矛盾情绪，甚至更大的不适感[238]。石文华等（2018）认为，初始评论和追加评论之间的矛盾性态度会降低顾客的服务态度和购买意愿[176]。Nguyen 等（2020）研究了顾客与其他顾客特征一致性对于服务体验的影响，结果表明顾客特征的一致性被证明是影响顾客结果的服务体验的关键方面，会增加顾客满意度、享乐价值和购买意愿[239]。Akhtar 等（2020）分析了游客在单一酒店评论和多家酒店评论中对评论真实性和理解的矛盾特征的感知如何引发其态度矛盾和心理不适感，从而决定他们选择延迟预订酒店的意愿[240]。Izogo 等（2021）探究了顾客发布的口碑与顾客回复的口碑态度不一致会直接影响顾客的回购意愿和社交参与行为[45]。可以看出，信息和情感的不一致性会降低顾客的满意度、参与行为以及购买意愿。

本书采用一致性理论解释基于在线评论的顾客间互动内容对后续顾客评级行为的影响。在线评论系统中的顾客回复和初始评论，是作为共同评论信息展示的，后续顾客会同时观察到两者的内容。情感是评论内容中重要的信息维度，直接影响到顾客对产品和服务质量的判断。然而，顾客回复和初始评论的内容各自独立，顾客回复的情感和初始评论的情感可能会存在冲突和不一致。这种情感不一致会影响后续顾客的服务体验和认知。一致性理论认为，当顾客面临不一致信息时，会引发矛盾心理和负面情感。此外，顾客的评论评级与其情感相关，积极情感倾向于发布正面评论，消极情感倾向于发布负面评论。因此，本书采用一致性理论来解释顾客回复和初始评论情感不一致时，基于在线评论的顾客间互动内容如何影响后续顾客的评论评级。

本章小结

本章对相关文献进行了梳理，发现学术界对在线评论和顾客间互动已经进行了广泛的探究。学者们对在线评论产生的前因后果，以及对在线评论内容的利用和管理都进行了大量的理论和实证研究，构建了较为完善的在线评论的研究框架和体系。同时，由于顾客间互动是服务接触场景中重要的组成部分，学者们对顾客间互动的研究也进行了深入的研究，将顾客间互动区分为传统线下面对面环境和线上虚拟环境两种研究方向。然而，随着新的技术和功能的出现，在线评论中顾客回复这一新型的顾客间互动功能的出现对以往研究成果和理论支撑提出了挑战。因此，本书关注了在线评论中顾客回复这一新型现象，探究了基于在线评论的顾客间互动对于后续顾客评论行为的影响。这一研究填补了现有文献的不足之处，包括对在线顾客间互动的研究不足、对于顾客间互动对后续评论行为的影响缺乏深入探究等问题。本书研究主要弥补了现有文献的以下几点不足：

首先，随着服务接触 Web 2.0 概念的提出，很多学者不断呼吁跳出顾客-服务提供者二元互动的视角，关注多方互动中的其他主体发挥的作用。随着实践和研究的推进，学者们对于服务接触的定义和内涵不断进行发展和丰富。从人际互动发展到人机互动，再到服务系统的多方互动也可以看出现有服务接触的研究领域在不断地向服务生态系统的视角推进。但是现有服务接触的研究还是习惯于从传统服务接触的顾客-企业的二元人际互动的视角进行切入。在服务接触 2.0 的概念中，顾客不仅是被动的服务接受者，也是参与者、共创者，甚至有可能成为核心主导者。因此，在服务接触中只关注企业和顾客的互动是不够的，需要从多元互动的视角进行探究，尤其是关注顾客与顾客之间的互动。随着线上购物的加剧，在线服务接触场景中的顾客间互动频率远远大于企业与顾客的互动频率，这使企业更应该关注服务接触中的顾客间互动。而且，在线环境使顾客间互动的行为和过程被记录和保存下来，这给探究服务接触中顾客间互动的影响，尤其是在线服务接触场景在行为层面产生了大量丰富的客观数据，为探究在线服务接触中顾客间互动的影响提供了数据支撑和可能性。因此，有必要从在线服务接触的视角探究在线顾客间互动，以此应对服务接触领域中多方互动的学术挑战。

其次，在线顾客间互动的影响研究不够完善。学术界已经取得了不少关于顾客间互动影响的研究成果，从早期关注的面对面顾客间互动，到如今探究线上顾客间互动。随着网络技术的发展，在线场景成为顾客间互动的主要渠道，学者们开始探究在线顾客间互动的影响，并认为在线顾客间互动不仅会影响顾客的服务体验，还会对价值创造以及品牌忠诚等方面产生影响作用。尽管在线顾客间互动已经取得了一系列的研究成果，但是相关研究还不够完善。第一，目前针对在线顾客间互动大多是基于社交媒体和在线品牌社区，而在电商平台背景中探究顾客间互动的研究还较少。这可能是因为电商平台在早期主要支持企业和顾客之间的互动,而顾客间互动只是最近随着评论系统的发展才得以实现。因此,有必要利用在线评论系统的相关数据,探究电商平台中顾客间互动的影响,并对其量化。第二,目前学术界对于在线顾客间互动的影响探究仍然延续了线下顾客间互动的研究思路,忽略了在线互动的外部性影响。这可能是因为在线下场景中,顾客间互动对于周围顾客的影响难以测量和识别且影响有限,因此更多关注内部性影响。然而,与线下顾客间互动相比,在线顾客间互动具有明显的差异,对后续顾客的影响更为持久和突出。因此,有必要探究在线顾客间互动对后续顾客的影响,不仅可以更全面地了解顾客间互动的有效性和应用场景,还能深入交流顾客间互动的外部性影响。第三,现有文献主要从互动主体、互动方式、互动场景等角度探究了顾客间互动的影响,学者们较少从互动内容的角度分析顾客间互动的影响。考虑到在线评论的内容是顾客获取产品信息的主要途径,因此有必要关注基于在线评论的顾客间互动内容的影响。

最后,在线评论的研究不够完善。在线评论作为在线服务过程中的一个重要影响因素,不仅是顾客获取信息的重要途径,也成为顾客在线购买过程中必不可少的浏览环节,是企业需要重点关注的在线服务接触场景。目前,学者们对于在线评论的研究已经相对成熟,不仅探究了影响在线评论的因素和在线评论的作用结果,而且对在线评论的内容进行挖掘和管理以达到有利于企业发展的目的。然而,现有研究主要从初始评论的视角,探究在线评论的影响和驱动因素,对于评论回复这一在线评论的子维度的研究还不够充分。虽然有学者分析了商家回复和追加评论这两种评论回复类型的影响,但是对于评论回复的另一类型——顾客回复的研究较为匮乏。考虑到评论回复对顾客和企业有多方面的影响,有必要探究在线评论中顾客回复的影响,以此来丰富在线评论的研究视角。

第三章　基于在线评论的顾客回复行为对评论数量的影响

如本书在研究背景中所述，在线评论系统中的顾客回复功能已经被电商平台重点关注和广泛采纳。但是，在线顾客间互动的文献大多集中在社交媒体和品牌社区的研究领域，针对电商平台中以顾客回复为表现形式的顾客间互动探究还较少，学者们尚未深入探究顾客回复对顾客和企业的具体影响。因此，本章以评论数量为衡量标准，探究顾客回复行为对于顾客评论行为的影响。

第一节　研究问题

根据本书第一章和第二章的梳理可以看出，在线评论中的顾客回复是当前研究领域中较为新颖的研究概念和现象。社交技术的快速发展和应用使电商平台中在线评论系统的功能也在不断优化，尤其是顾客回复功能的出现使在线评论中顾客间互动更为方便和快捷。在线评论系统中的顾客间互动主要体现在顾客回复初始评论与焦点顾客对话的方式，焦点顾客通过发布评论来分享他们的服务体验，其他顾客通过顾客回复功能表达自己的想法，通过这种方式顾客之间可以进行基于在线评论的信息交流和情感互动。

依附于在线评论存在的顾客回复，其内容也基于在线评论的公开性而对所有顾客是长期公开可见的。这就使顾客回复所产生的影响不仅会作用在焦点顾客，更会对浏览评论的后续顾客产生影响。顾客回复对参与互动的顾客的影响称为内部性影响，其对后续浏览评论的顾客产生的影响也可以被称为外部性影响。但是现有研究主要聚焦于顾客间互动的内部性影响，较少关注其外部性影响。相较于线下顾客间互动，在线顾客间互动的影响范围更广泛，影响的效果也更加持久。因此，有必要探究在线顾客间互动的外部性影响。作为评论信息的独特接触点，顾客回复为识别在线服务设置中顾客间互动的外部性影响提供了机会[45]。

目前，在线评论的相关研究中，学者采用评论数量来衡量评论系统中互动的外部性影响[22,51]。评论数量是一个与顾客购买行为、公司业绩和平台资产相关的积极指标[10,58]。对于消费者来说，更多的评论数量意味着更全面的产品和服务评估信息，能够帮助顾客依靠丰富的评论信息获得大众共识，以此评估产品和降低决策风险[241]。对企业而言，已有学者证明评论数量与企业的销售额呈正相关[242]，更多的评论数量会提高餐厅的营业额[243,244]。对平台而言，电商平台广泛依赖于在线评论来增加访问量，扩大平台影响力，评论数量是其重要的运营资本[10]之一。基于上述分析，本章认为后续顾客的评论数量是一个值得探索的因素。

因此，本章以在线评论中的顾客回复行为为研究对象，利用评论数量来衡量后续顾客的评论行为，初步分析基于在线评论的顾客间互动对于后续顾客评论行为的影响。本章具体的研究问题为：顾客回复行为是否影响以及如何影响后续顾客的评论数量。

第二节 研究假设

评论数量作为一种反映商品流行程度以及直接影响销量的关键因素[13,243-245]，长期受到学者的重点关注。评论数量除了与销量有直接关系外，还会受到顾客评论意愿以及外部环境因素的影响。已有研究表明，在线评论的数量与商品销量呈正相关[130,244]。在线评论反映了顾客购买后对产品或服务的评价[56]，假设顾客发布评论的概率恒定，评论数量应该与潜在销售呈正相关[107,245]。而且，除了潜在销量构成了评论数量的基础，评论数量还会受到顾客发布评论动机的影响。顾客评论动机是个体层面的影响，评论数量是个体行为的群体性结果。根据本书第二章的内容可知，顾客的内在心理机制[50,125] 和个性特征[127-129] 都会影响评论意愿。此外，外部环境因素也会直接影响到评论数量，如平台整合[154,155]、商家回复[22,157,158]，以及已有评论信息[143-147]。本章探究的顾客回复行为属于外部环境因素，是已有评论中的顾客间互动行为，也属于已有评论信息的一部分。因此，本章认为顾客回复行为也可能成为影响后续顾客的评论数量的驱动因素。

顾客回复行为是在线评论系统中顾客间互动的主要表现行为。由于在线评论系统是普遍可访问的，顾客回复行为对所有后续顾客都是公开可见的。根据社会学习理论[218]，这种可见性可以触发顾客的社会学习过程，并对后续的评论行为产生影响[158]。社会学习理论认为，个体不仅可以通过过去的经验，也可以通过观察他人的行为快速学习[218]。通过观察他人行为的后果，个体可以构建替代体验。在这种体验中，个体的选择和行为受到自己观察的影响。例如，Hu 等（2019）发现，在基于信息的社会学习的驱动下，居民更有可能选择与其周围邻居相同的无线服务提供商[246]。Kaustia 和 Rantal（2015）也发现，在股票市场中，股民可能会执行与同行相同的股票交易行为[247]。

基于社会学习理论，本章认为由于顾客会观察到已有评论会得到评论回复，所以顾客会认为他们发布的评论会产生评论回复这一类似的结果。Schamari 和 Schaefers（2015）指出，企业对顾客生成内容的回复会被社交平台上的顾客视为一种奖励，从而增加了顾客的社交参与意愿[248]。所以，本章认为顾客回复的公开性让后续顾客可以观察到发布评论获得的奖励。基于强化理论，当个体获得奖励时，他们更有可能学习和执行某些行为[223]。因此，本章认为顾客回复焦点顾客发布的在线评论，这对于焦点顾客来说是发布评论获得的奖励。这会促进焦点顾客的评论意愿。根据社会学习理论和强化理论，这一行为结果会被后续顾客观察到，并被视为一种评论奖励。并且，后续顾客会形成替代经验，认为其发布评论也会获得奖励，并因此提高了其发布评论的意愿。因此，本章提出以下假设：

假设 1：顾客回复行为会增加后续顾客的评论数量。

本章所考虑的顾客回复影响，是建立在一个默认的情景下，即在线评论中的顾客回复行为是可以被后续顾客观察到的。也就是说后续顾客在浏览评论以及发布评论时，会观察到在线评论中顾客回复的存在，因此才会影响后续顾客的评论行为，这是一种隐形存在的影响机制。在上述顾客回复影响的理论推导过程中，无论是基于社会学习理论还是强化理论，都是建立在顾客回复被观察的环境中产生的影响。已有研究中也有相似的理论推导，例如 Proserpio 和 Zervas（2017）分析在线评论中商家回复对后续顾客评论行为的影响时，提出并验证了商家回复是通过可见性机制对后续顾客产生影响[157]。而且 Chen 等（2019）的研究也引入了可见性的思维来构建在线评论中商家回复的影响机制[22]。

基于此，本章认为，顾客回复行为的影响机制是通过其可见性来影响后续顾客的评论行为。只有在被后续顾客观察到的情况下，顾客回复行为才会产生影响，否则其影响不存在。因此，本章提出以下假设：

假设2：顾客回复行为通过可见性机制影响后续顾客的评论行为。

第三节　实证数据和模型构建

一、数据背景和搜集

本章的实证研究背景设置在餐饮行业，探究顾客回复行为对于后续评论数量的影响。本章的研究数据获取来源为大众点评网站和美团网站两个电商平台，这两个网站是中国知名的提供关于餐饮、旅游、酒店、电影和其他生活服务的在线预订和评论的电商平台。根据 QuestMobile 发布的《2020 中国移动互联网年度大报告》，截至 2019 年底，美团网站吸引了约 7000 万的日活跃用户，大众点评网站的平均日活跃用户达到 1317 万。大众点评网站是一个提供发表评论、购买优惠券以及了解企业信息为主的电商平台。而美团平台是一个将在线预订、配送和点评相结合的电商平台，顾客不仅可以在该平台购买服务，也可以评论所消费的服务。

两个平台的数据给本章的研究提供了一个天然的对照场景。首先，两个平台的在线评论系统的功能设置不同。两个平台的在线评论系统都允许焦点顾客发布初始评论和企业管理者对初始评论进行回复。但是，在本章开展研究的时期内，即截止到 2022 年，大众点评网站允许其他顾客对焦点顾客发布的初始评论进行回复，而美团平台上却不允许。因此，大众点评可以作为实验组的样本来源，美团则可以作为一个理想的对照组的样本来源。其次，两个平台上餐厅的来源相同。很多餐厅会同时在两个平台上进行注册和发布信息，顾客也会随机选择任意平台渠道购买消费和发布在线评论。本章在图 3-1 展示了大众点评平台的评论页面，在图 3-2 中展示了美团平台的评论页面。

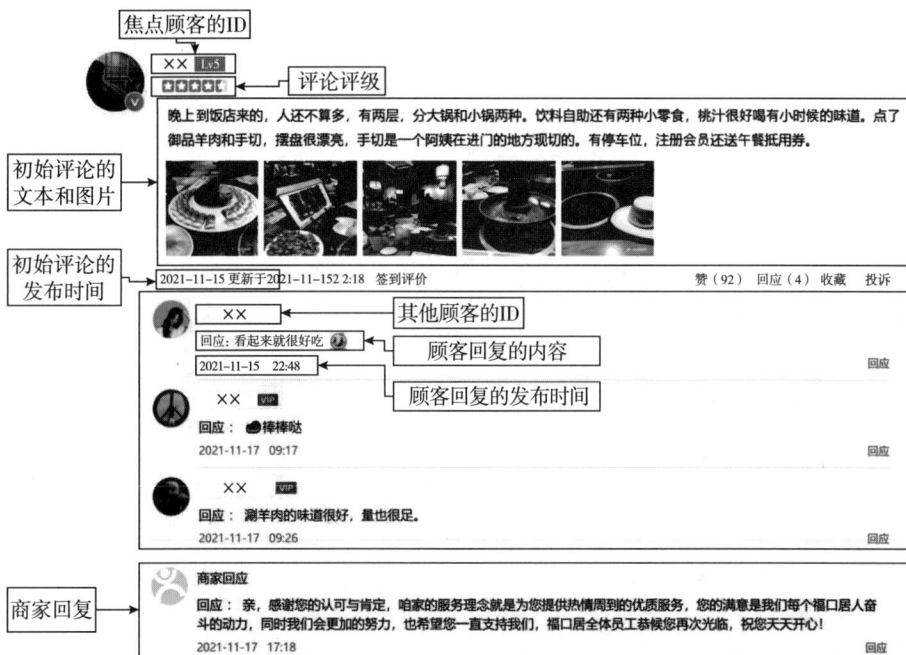

图 3-1　大众点评平台的评论示例图

图 3-2　美团平台的评论示例图

综上所述，两个在线平台的评论系统管理机制不同，顾客回复的功能仅在大众点评平台可用。这给本书的研究提供了一个自然的实验样本，便于通过对比相同餐厅在不同平台上评论数量的不同来识别顾客回复功能对后续评论数量的影响。本章将大众点评和美团上的同一家餐厅分别设置为实验组和对照组。

在明确了数据来源后，本章利用两个 Python 爬虫程序来自动获取大众点评和美团网站北京地区的餐厅公开信息。具体来说，本章实施以下几个步骤来获取两个网站上的餐厅的合适样本。

首先，本章收集了北京地区所有可用的餐厅信息，包括餐厅名称、餐厅星级、餐厅的评论总数、餐厅的餐饮类别、地址和统一资源定位器（URL）。本章在大众点评和美团两个平台上分别获得了 1693757 家和 27946 家餐厅的信息。其次，本章对获取到的餐厅进行匹配，具体来说，就是通过餐厅的名称和地址将两个平台上相同的餐厅进行一一匹配。剔除掉两个平台上评论数为 0 的餐厅后，本章一共获得了 7632 家相同的餐厅。最后，为了尽可能地保证餐厅收到顾客回复的前后一年的时间段都有足够多的评论，以及降低由于评论数量过多给数据清洗带来较大的工作量，本章对数据集合进行了进一步的处理，只保留了在大众点评上评论超过 1000 条的 582 家在两个平台上匹配的餐厅，并通过两个平台上分别对应的 URL 获取餐厅已有的评论信息。

本章最终的样本信息为 582 家匹配的餐厅，共有 1790913 条评论。其中 1422383 条在线评论来自大众点评平台，368530 条在线评论来自美团平台。本章使用的数据集中的每个在线评论都包含以下内容：评论内容、评论的评级、发布日期、是否有顾客回复、商家回复的时间和内容、顾客回复的数量和内容。本章的样本集中最早的评论发布于 2005 年 1 月，最新的评论发布于 2021 年 6 月。在本章的数据集中，大众点评平台上的所有餐厅（实验组）都至少有一家包含了顾客回复的评论，而美团平台上的餐厅（对照组）没有包含顾客回复的评论。

二、研究框架

本章的研究宗旨在确定顾客回复对后续评论数量的影响，这是一个因果识别问题。如果只是对有和没有顾客回复的餐厅评论数量进行横断面比较，只能得到样本中顾客回复的平均实验效果（the Average Treatment Effect，ATE）。忽略了与自我选择问题相关的餐厅质量差异，可能会导致本章的估计偏差。因为两组餐厅之间的服务质量和政策等差异，会使实验组和对照组的评论数量的差异并不是完全基于顾客回复行为。而且，如果选择在第一个顾客回复行为的前后进行时间上的纵向比较，也可能无法准确量化顾客回复的影响。因为餐厅评论的数量可能会随着时间的推移而变化，或者是受到节点时刻的其他政策的影响。

因此，为了准确评估顾客回复的效果，本章衡量了顾客回复的实验组的平均实验效果（The Average Treatment Effect on The Treated，ATT）。通过实验组的平均实验效果计算得到的顾客回复行为的影响，可以表示为：$E(\omega_{i1} - \omega_{i0} \mid D = 1)$，其中 ω_{i1} 表示实验组状态下的餐厅 i，ω_{i0} 表示对照状态下的餐厅 i，$D = 1$ 表示餐厅 i 中包含有顾客回复的评论。由于餐厅 i 不可能同时属于实验组和对照组，所以 ω_{i0} 在 $D = 1$ 的状态下是一个反事实状态。想要准确地衡量顾客回复影响的一个常用方法是确定适当的对照组（即没有包含顾客回复的餐厅）作为实验组的反事实样本。本章搜集的两个平台的样本，正好满足这个反事实样本的设置。因此，本章将两个平台中同样的餐厅标为同一个样本 i，在大众点评上的样本为实验组，即餐厅 i 获得了顾客回复。而在美团上的样本设置为对照组，即餐厅 i 没有获得顾客回复。

双重差分策略可以很好地估计变量的平均实验效果，因此本章采用双重差分策略识别顾客回复的平均实验效果。本章将顾客回复行为当作是双重差分策略的政策，把第一个顾客回复的时间点 t 看作是政策出现的节点。双重差分策略可以同时控制两个差异，一个是实验组和对照组之间的评论数量的差异，另一个是政策前和政策后评论数量的差异。通过计算这两种差异的交互项可以准确地估计顾客回复对后续顾客评论数量的影响。本章研究策略的特别之处在于，双重差分模型的估计样本使用了两个在线平台上的同一家餐厅的评论信息，这可以解决双重差分模型研究中由于样本匹配不合适而引发的内生性问题，而且减轻了因平台差异不同导致的餐厅质量不同。采用这种方法的动机是，两个在线平台有不同管理在线评论的机制：一个允许其他顾客公开回复在线评论，而另一个则不允许。基于这一观察，本章将顾客回复视为双重差分模型中的实施政策。本章具体的研究框架如图 3-3 所示。

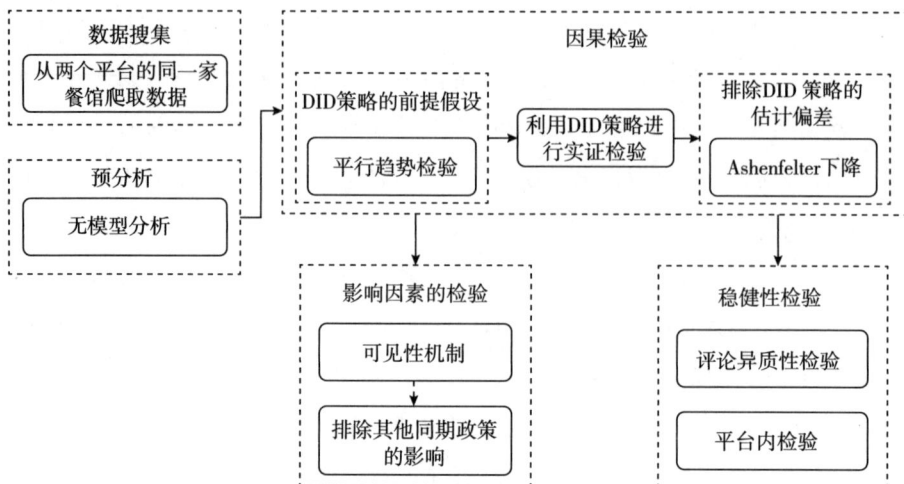

图3-3　研究框架

　　首先，本章对搜集的数据进行平行趋势检验。双重差分策略的实施有一个关键的平行趋势假设，即在政策实施前实验组和对照组之间的评论数量是平行发展的，也可以说两者之间的评论数差异随着时间的推移是恒定的。因此，在进行实证分析之前需要确认本章的数据是否满足平行趋势。平行趋势检验如果满足，可以减轻平台间差异对因变量的影响。在满足平行趋势的基础上，本章对顾客回复行为的影响利用双重差分模型进行因果检验。

　　其次，本章还对潜在的估计偏差进行了纠正。这是因为考虑到顾客回复行为的出现可能是因为在线评论数量较少，有效信息获取不足，因此其他顾客试图通过与焦点顾客进行在线评论互动来获得更多的真实和有价值的信息。这种原因将导致在顾客回复出现之前，实验组的餐厅评论数量相对较低。这种预处理趋势被称为阿森费尔特沉降（Ashenfelter's dip），是在 Ashenfelter 和 Card（1985）的研究中首次发现的培训者工资在培训前都会有显著的下降的经验规律[249]。在双重差分策略中阿森费尔特沉降现象是很常见的内生性问题。因此，本章在实证分析中检验样本是否存在阿森费尔特沉降的现象。

　　再次，本章验证顾客回复的影响机制，并剔除掉"其他同时期政策"的影响可能性。这是因为在使用双重差分策略进行估计时，探究的是顾客回复的政策节点带来的影响。如果餐厅在获得第一个顾客回复的同时，存在其他未观察到的政策变化影响了餐厅在大众点评上的评论数量，那么本章对顾客回复效果的估计可能存在偏差。为排除这种影响，本章进一步研究了顾客回复的存在、频率和数量是否会影响后续顾客的评论数量。本章验证了可见性机制，并排除了上述影响的可能性。

最后，为了提高本章结果的适用范围，本章考虑了评论的异质性特征，探究了顾客回复对不同评级的评论数量的影响。而且，考虑到两个平台间存在的特征差异可能导致餐厅的评论数量的不同影响，本章进行了稳健性检验。本章利用大众点评上的餐厅作为样本来源进行平台内分析，以此避免跨平台特征差异带来的估计偏差。

三、变量定义和构建

首先，本章的因变量为后续顾客的评论行为，由评论数量表示（Review Volume，即 R_Vol_{it}）。R_Vol_{it} 代表了餐厅 i 在第 t 个月顾客发布的评论数量。已有很多研究采取评论数量来衡量顾客的在线评论行为[22,51]。

其次，根据本章采用的双重差分策略，衡量顾客回复影响的变量由两个虚拟变量的交互项表示。一个代表了实验组和控制组差异的虚拟变量，由顾客回复表示（Customer Response，CR_i）。CR_i 代表了在本章的研究时期内，餐厅 i 中是否包含有顾客回复的在线评论。该变量是一个 0-1 虚拟变量，0 代表餐厅 i 的评论中没有包含顾客回复，1 代表餐厅 i 中的评论中包含顾客回复。另一个是虚拟变量，表示政策前和政策后的差异，由 $After_{it}$ 代表。该变量也是一个 0-1 虚拟变量，0 代表了餐厅 i 在 t 时间段的评论中没有包含顾客回复，1 代表餐厅 i 在 t 时间段中的评论中包含顾客回复。

最后，本章设置的控制变量考虑了两个方面。一方面，是控制了已有评论的数量和评级对于后续评论数量的影响。根据已有研究发现，已有评论的数量[141]和评级[146] 会影响顾客的评论行为和购头决策。因此，本章将评论的累计评论数（Cumulative Volume，$Cumvol_{i,t-1}$）和累计的平均评级（Cumulative Mean Valence，$Cumval_{i,t-1}$）作为控制变量。其中，$Cumvol_{i,t-1}$ 代表了餐厅 i 在时间 $t-1$ 累计的评论数量，$Cumval_{i,t-1}$ 为餐厅 i 在时间 $t-1$ 累计的评级的平均值。另一方面，本章控制了商家回复对评论数量的影响。研究已经表明商家回复会影响后续评论数量[22,51]，且 Wang 和 Chaudhry（2018）的研究证明了商家回复正面评论和负面评论对后续评论的影响不同[158]。因此，本章将商家回复正面评论（Managerial Responses to Positive Reviews，MR_P_{it}）和商家回复负面评论（Managerial Response to Negative Reviews，MR_N_{it}）设置为控制变量。MR_P_{it} 代表了餐厅 i 在时间 t 回复正面评论的次数，MR_N_{it} 代表了餐厅 i 在时间 t 回复负面评论的次数。表 3-1 中列出了本章使用到的变量的定义。

表 3-1 变量定义

变量名称	变量定义和描述
R_Vol_{it}	餐厅 i 在 t 月的评论总数量
$After_{it}$	餐厅 i 在 t 月的评论中是否包含顾客回复的评论
CR_i	在本章的研究时期，餐厅 i 的评论中是否有包含顾客回复的评论
$Cumvol_{i,t-1}$	餐厅 i 在 $t-1$ 月的累计的评论总数量
$Cumval_{i,t-1}$	餐厅 i 在 t 月的累计评论的平均评级
MR_P_{it}	餐厅 i 在 t 月商家回复正面评论的数量
MR_N_{it}	餐厅 i 在 t 月商家回复负面评论的数量

四、模型构建

利用以下模型来实现本章的双重差分模型策略：

$$R\_Vol_{it} = \theta After_{it} + \gamma CR_i + \beta CR_i \times After_{it} + \delta X_{it} + \alpha_i + \mu_t + \varepsilon_{it} \qquad (3-1)$$

其中，$CR_i \times After_{it}$ 是利用 $After_{it}$ 和 CR_i 两个变量的交互项，可以准确地衡量顾客回复行为的影响。β 系数是双重差分模型的估计的关键系数，代表了顾客回复对后续评论数量的影响的估计值。θ 系数代表了表示政策前和政策后的评论数量的差异，γ 代表了实验组餐厅和对照组餐厅之间的评论数差异。X_{it} 是控制变量的向量，δ 是捕捉控制变量对评论数量的不同影响的系数向量。该模型还利用时间虚拟变量 μ_t 控制固定时间效应，即用于控制特定时间下评论数量的瞬时冲击，以及利用餐厅虚拟变量 α_i 控制个体固定效应，即用于捕捉餐厅未观察到而不随时间变化的特征。

对于式（3-1）中的规范，还有几个潜在的问题。首先，其他顾客对在线评论的回复意愿与每家餐厅的特征有联系。因此，本章采用固定效应模型（The Fixed-Effect Model，FE）来考虑餐厅的特定效应。其次，考虑到本章的样本数据的时间跨度较长，以及每家餐厅接收到第一个顾客回复的时间节点不同，本章在 X_{it} 中添加了时间趋势变量（Time Trend Variable，$Time_t$）控制实验组餐厅与对照组餐厅之间随时间推移导致的餐厅评论数量差异。

五、描述性统计

本章的样本数据是面板数据，将每家餐厅的评论数据按照月份进行汇总，计算每一家餐厅 i 在第 t 个月时在每个平台的总评论数量。因此，本章的分析样本是以餐厅-月 (i, t) 为单位。

首先，本章汇总了两个平台上的面板数据，并且在表 3-2 总结了匹配样本中 582 家餐厅的统计数据。值得注意的是，从表 3-2 的结果中可以看出，大众点评平台上餐厅的评论数量均值（26.287）高于美团平台（4.189）。并且从 CR_i 变量的均值可以看出，本章的样本中一半的餐厅的评论收到了顾客回复。这也证明了 582 家餐厅在大众点评平台都收到了顾客回复。$CR_i \times After_{it}$ 变量的均值代表了全部样本中 26% 的月份中餐厅的评论收到顾客回复。

表3-2 汇总统计结果

变量	变量描述	均值	标准差	最小值	最人值	样本值
$dVol_{it}$	在大众点评平台上餐厅 i 在月份 t 时期的当月评论数	26.287	40.516	1	778	9356
$dCumvol_{i,t-1}$	在大众点评平台上餐厅 i 在月份 t 累计的评论总数	221.501	335.098	0	3692	9356
$dCumval_{i,t-1}$	在大众点评平台上餐厅 i 在月份 t 累计评论的平均评级	42.870	4.030	18.663	50	9356
dMR_P_{it}	在大众点评平台上餐厅 i 在月份 t 商家回复正面评论的数量	8.862	26.556	0	401	9356

变量	变量描述	均值	标准差	最小值	最大值	样本值
dMR_N_{it}	在大众点评平台上餐厅 i 在月份 t 商家回复负面评论的数量	1.550	3.891	0	83	9356
$mVol_{it}$	在美团平台上餐厅 i 在月份 t 时期的当月评论数	4.189	8.272	1	237	9356
$mCumvol_{i,t-1}$	在美团平台上餐厅 i 在月份 t 累计的评论总数	40.448	77.423	0	1193	9356
$mCumval_{i,t-1}$	在美团平台上餐厅 i 在月份 t 累计评论的平均评级	4.311	5.520	1.413	5	9356
mMR_P_{it}	在美团平台上餐厅 i 在月份 t 商家回复正面评论的数量	0.490	2.070	0	39	9356
mMR_N_{it}	在美团平台上餐厅 i 在月份 t 商家回复负面评论的数量	0.170	0.840	0	19	9356
CR_i	衡量餐厅 i 是否有评论收到顾客回复	0.500	0.500	0	1	18712
$CR_i \times After_{it}$	衡量了餐厅 i 在 t 月的评论收到顾客回复	0.260	0.440	0	1	18712

其次，本章对两个平台的评论数量按照时间顺序进行了统计汇总。由于本章搜集的数据中两个平台的时间范围是不同的，大众点评的餐厅评论数据最早为2005年，而美团的评论数据最早为2012年。这是由于大众点评平台建立早于美团平台。为了更好地对比两个平台的评论数量的情况，本章只选取了2012年之后两个平台的餐厅评论数量。根据图3-4可以看出，大众点评的评论数量远远超过美团。相比于大众点评，美团的评论数量一直处于较为稳定的状态。大众点评的评论数量在2019年之前一直呈现上升趋势，直到2019年评论数量达到最多（245624条）。但是随后从2020年到2021年，大众点评的数量呈现出下降趋势。由于本章搜集的数据只涵盖到2021年5月，因此2021年的样本数据量与实际数据情况存在偏差。然而，对比2020年和2019年的数据，大众点评平台评论数量仍然呈现下降趋势。这可能是由于COVID-19大流行使整个旅游业瘫痪，如酒店和餐厅游客数量大幅度下降[250]。

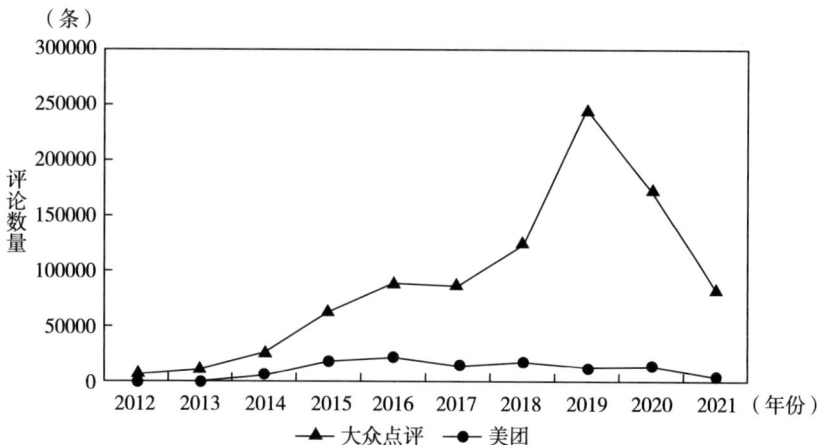

图 3-4 评论数量的年趋势

再次，本章对大众点评平台上的评论回复情况进行了汇总统计和可视化展示。其中，评论回复情况包含两种，顾客回复和商家回复。图 3-5 展示了大众点评中评论回复的年趋势变化情况，图 3-5（a）展示评论回复的数量，图 3-5（b）展示评论回复的比例。如图 3-5（a）所示，在大众点评平台中顾客回复和商家回复的评论数量的年趋势变化情况较为相近。在 2014 年之前，包含顾客回复的评论数量相对较少，每年只有少数的评论获得了顾客回复。在 2014 年，包含顾客回复的评论数量为 1191 条，随后快速上升。直至 2019 年，包含顾客回复的评论数量达到最多，有 43418 条。但是随后从 2020 年到 2021 年，包含顾客回复的评论数量呈现出卜降趋势。这与图 3-4 展示的评论数量的趋势变化情况相同。从图 3-5（b）可以看出，在大众点评平台中包含顾客回复与商家回复的评论比例较为接近，都呈现出"U"形曲线：中间年份占比低，两端年份占比高。可能的解释是，早期的评论数量较少，而包含顾客回复的评论相对占比较多，而后期包含顾客回复的评论数量开始增多。总的来说，在 2014 年之前，无论是顾客回复还是商家回复都较少，随后才开始逐渐增多。

（条）

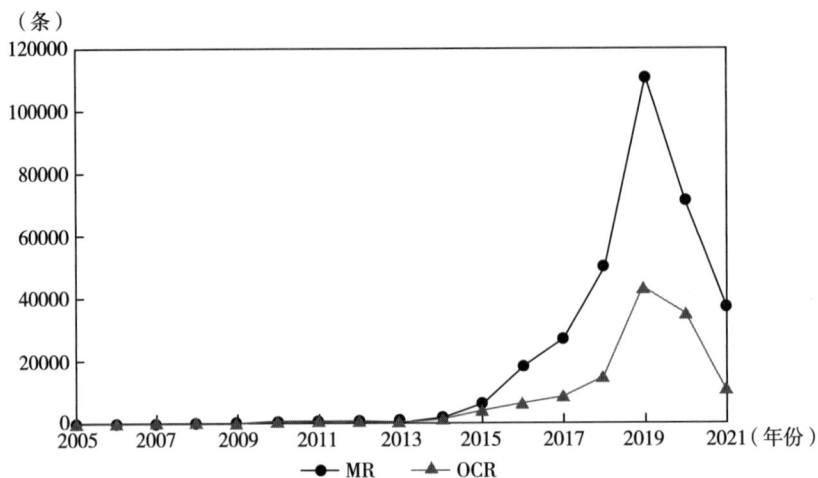

（a）评论回复的数量

（%）

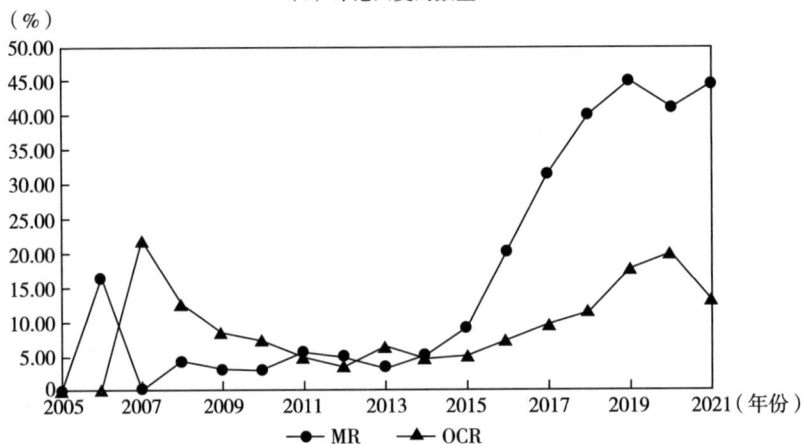

（b）评论回复的比例

图3-5　2005~2021年大众点评平台中评论回复的年趋势变化

复次，本章观察和分析了大众点评和美团中积极评论和负面评论中包含评论回复的情况。本章把评论评级大于等于4星的评论分为正面评论，小于4星评论的看作负面评论。从图3-6中可以看出，大众点评中顾客回复正面评论（Customer Response to Positive Reviews，CR_P）的比例要大于顾客回复负面评论（Customer Response to Negative Reviews，CR_N），这表明可能顾客更喜欢回复正面评论。而且，大众点评中商家回复正面评论和负面评论的比例接近，而美团平台上商家更喜欢回复正面评论。

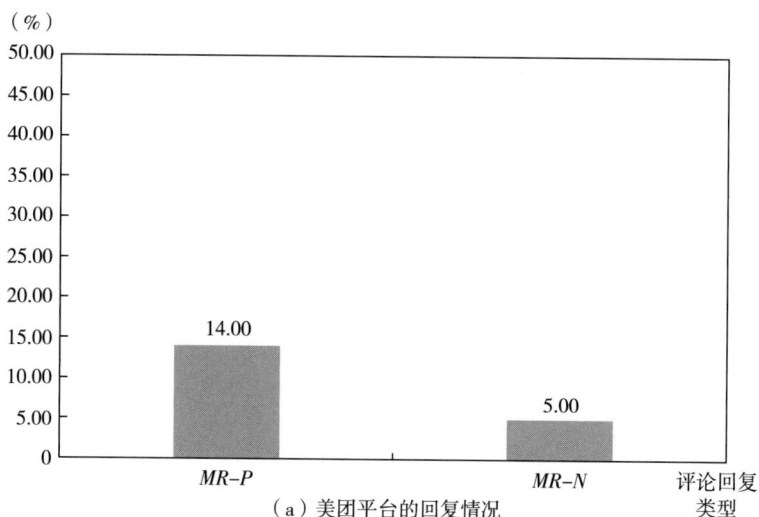
（a）美团平台的回复情况

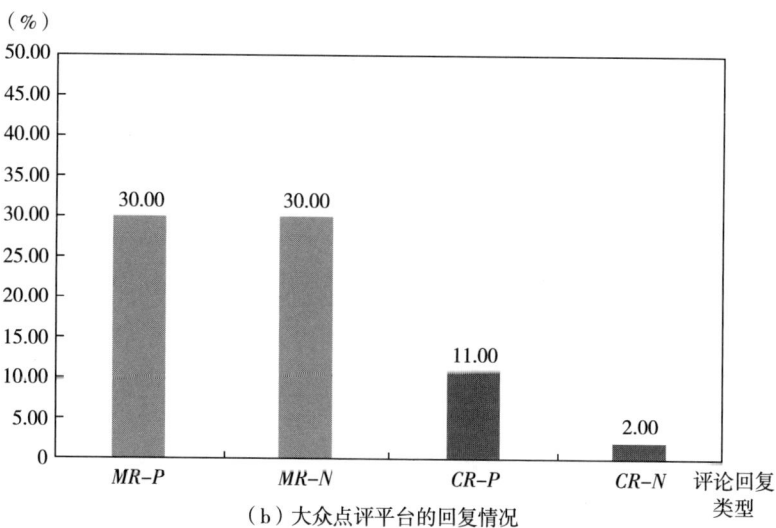
（b）大众点评平台的回复情况

图 3-6　评论回复的比例

最后，本章对比分析了两个平台上商家回复的比例。根据图 3-7 可以看出，两个平台中商家回复的年趋势比较相似，但是大众点评中商家回复的比例高于美团。

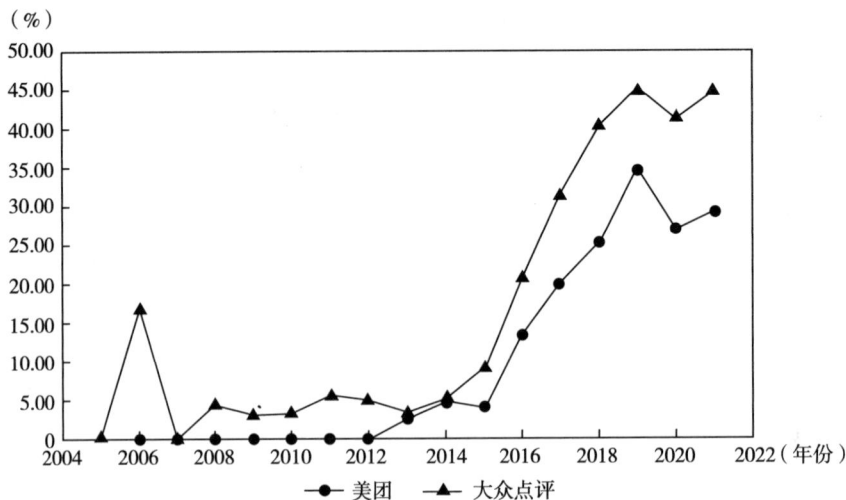

图 3-7　2005~2021 年两个平台上商家回复的年趋势

第四节　实证分析和结果

一、无模型分析的结果

在进行双重差分模型分析之前，本章对样本数据进行无模型分析。在本节中，使用 $\Delta Vol_{it} = dVol_{it} - mVol_{it}$，计算了第一个顾客回复行为出现前后实验组餐厅评论数量的差异[22]。根据表 3-3 的结果可以看出，实验组餐厅在收到第一个顾客回复后，评论数量显著增加。实验组餐厅的评论数量在政策后是政策前的 3.15 倍（$\approx 39.050/12.400$），而对照组餐厅的评论数量只有 1.98 倍（$\approx 5.500/2.780$）。基于以上分析，本章可以得出初步结论，在第一个顾客回复出现前后，实验组餐厅的评论数量的增长大于对照组餐厅的评论数量增长（$t = 29.55$，$p < 0.00$）。这表明顾客回复与后续评论数量呈正相关。

表 3-3　政策前后评论数量的对比结果

变量	(1)	(2)	(3)	(4)	(5)
	对照组餐厅	实验组餐厅	ΔVol_{it}	t-stats	p-value
政策前	2.780	12.400	9.620		
政策后	5.500	39.050	33.550	29.550	0.000

二、平行趋势分析的结果

根据本章在第三节分析的双重差分模型的要求，本章的样本数据必须满足平行趋势。因此，本章通过比较实验组和对照组在政策前的评论数量的趋势检验平行趋势假设。根据双重差分模型的相关文献，本章采用相对时间模型来计算本章的样本数据是否符合平行趋势假设。本章采用以下模型来构建相对时间模型：

$$R\_Vol_{it} = \gamma CR_i + \sum_{\tau=-T}^{T} \rho_\tau CR_i \times C_{i\tau} + \delta X_{it} + \alpha_i + \mu_t + \varepsilon_{it} \qquad (3-2)$$

其中，$C_{i\tau}$ 是一个虚拟变量，用来捕获当前月份 t 是餐厅 i 收到第一个顾客回复之前的 τ 月（负 τ）还是之后的 τ 月（正 τ）。$CR_i \times C_{i\tau}$ 为实验组和当前时间（年或月）的两个虚拟变量之间的交互项。ρ_τ 系数反映了实验组和对照组在给定年份 τ 的评论数量的差异，该系数代表了处理前本章的样本是否存在平行趋势和预处理效果。

由于当本章取值 $\tau = -12$ 时，变量的估计值存在共线性，因此本章指定 $T = 11$ 来估计式（3-2）。本章将 ρ_τ 系数的估计结果进行可视化并呈现在图 3-8 中，这样能更直观地看到实验组和控制组的评论数量的差异。X 轴表示餐厅当前月份与第一个顾客回复出现的月份的差值。本章把收到第一个顾客回复的月份设置为 0。Y 轴表示实验组和对照组之间的评论数量的差异。根据图 3-8 的评论数量趋势图可以看出，在餐厅收到第一个顾客回复前后评论数量的几个动态特征。

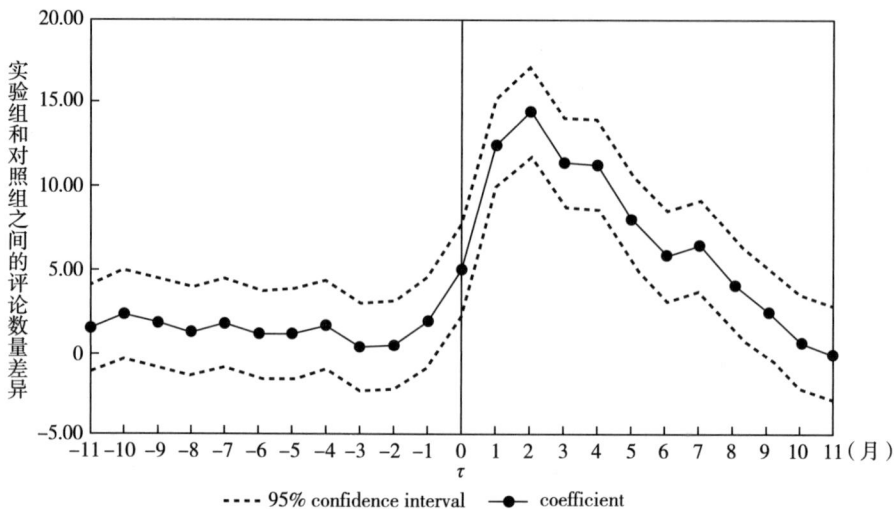

图 3-8　评论数量的趋势变化

第一，实验组和对照组的评论数量差异在政策前的趋势是相似的。根据图 3-8 可以看出，在第一个顾客回复之前 ρ_τ 系数的置信区间的下限没有超过 0。这表明，实验组和对照组在政策前的评论数量没有显著差异。这证实了本章的样本数据符合双重差分模型策略所要求的并行趋势假设。

第二，阿森费尔特沉降的预处理趋势在本章的数据中不存在。根据图 3-8 可以看出，在第一个顾客回复出现之前，实验组和控制组之间的评论数量差异就出现明显的上升趋势。尽管如此，考虑到可能的估计偏差，本章仍然通过排除第一个顾客回复出现前后的样本来校正预处理趋势带来的估计偏差。

第三，本章发现在第一个顾客回复行为出现后，实验组和控制组之间的评论数量的差异迅速增加，上涨的效果持续了约 9 个月。而且，在第一个顾客回复行为出现后的第二个月，实验组和对照组之间观察到的评论数量差异最大，平均约为 14 条。此后，这种差异开始慢慢下降，直到第 9 个月。

综上所述，已经证实了本章的样本满足双重差分模型的平行趋势要求。接下来，本章使用双重差分回归模型对顾客回复的影响进行实证分析。

三、顾客回复行为影响的实证结果

本章利用面板数据对式（3-1）中的变量系数进行估计，并将结果展示在表 3-4 中。在表 3-4 的模型（1）中，本章使用标准误差聚类在餐厅水平的最小二乘回归（Least square method，OLS）对式（3-1）进行估计。结果表明 $CR_i \times After_{it}$ 交互项的估计系数 β（coefficient = 5.855，$p<0.01$）是显著积极的，证明餐厅在收到第一个顾客回复后每月平均多获得 5.855 条评论。$Time_t$ 系数捕捉到了大众点评和美团潜在的不同时间趋势对于评论数量的影响。

表 3-4 中的第（3）列展示了基于 FE 回归公式的估计结果，其中同时控制了餐厅固定效应和月份固定效应。与模型（1）和模型（2）中 OLS 回归分析的估计系数相比，模型（1）和模型（2）只能控制单一的固定效应，而 FE 模型估计可以同时控制时间固定效应和餐厅固定效应。从表 3-4 的结果可以看出，模型（3）中的 $CR_i \times After_{it}$ 估计值略小于模型（1），但 $After_{it}$ 系数变化明显。根据模型（4）的结果 $Time_t$ 系数不显著，说明使用 FE 模型估计后不需要考虑线性时间趋势变量。

表 3-4 顾客回复行为影响的实证结果

变量	（1）	（2）	（3）	（4）
$CR_i \times After_{it}$	5.855***	5.551***	5.286***	5.285***
CR_i	4.411***	4.260***	4.327***	4.325***
$After_{it}$	0.471**	3.417***	3.936***	3.934***
$Cumvol_{i,t-1}$	0.038***	0.040***	0.042***	0.042***
$Cumval_{i,t-1}$	0.225***	0.168***	0.191***	0.190***
MR_P_{it}	0.625***	0.625***	0.606***	0.606***
MR_N_{it}	1.826***	1.806***	1.743***	1.743***
$Time_t$		−0.230***		7.799
餐厅固定效应	否	否	是	是
个体固定效应	是	是	是	是
观测值	18700	18700	18700	18700

续表

变量	(1)	(2)	(3)	(4)
R^2	0.651	0.671	0.682	0.683
估计模型	OLS	OLS	FE	FE

注：因变量为餐厅 i 在 t 月的评论数量。** 表示 $p<0.05$；*** 表示 $p<0.01$。

在表 3-4 中本章采用了多种回归方式来估计公式中的系数。R^2 代表了各个回归方式的拟合程度，数值越大说明拟合效果越好。通过比较不同模型的拟合评价指标 R^2 的值，发现 FE 模型的拟合效果优于 OLS 回归，说明 FE 模型估计更适合本章的双重差分模型的估计。这可能是因为它同时控制了时间固定效应和餐厅固定效应。因此，本章在后续的回归分析中采用了 FE 模型，并且不考虑线性时间趋势的影响。本章的估计结果表明，顾客回复行为显著影响后续的评论数量。餐厅在收到第一个顾客回复后，平均每月顾客会多发表 5.286 条评论。这证明了本章提出的假设 1 是成立的。

根据平行趋势的分析，本章收集到的数据没有显示出典型的阿森费尔特沉降的预处理趋势。但是，本章还是遵循常规的做法，通过排除第一个顾客回复前后的样本来进行提高本章的估计结果。具体来说，本章对称地排除了第一个顾客回复前后 1 个月和 3 个月的数据，并重新对式（3-1）进行估计，以评估结果的稳健性。表 3-5 为修正阿森费尔特沉降的实证结果。结果表明，顾客回复对评论数量的影响仍然显著。因此，本章在后续的分析中没有考虑阿森费尔特沉降。

表 3-5　修正阿森费尔特沉降后的实证结果

变量	(1)	(2)	(3)
$CR_i \times After_{it}$	5.286 ***	5.119 ***	4.518 ***
CR_i	4.327 ***	4.433 ***	4.761 ***
$After_{it}$	3.936 ***	6.124 ***	6.118 ***
$Cumvol_{i,t-1}$	0.042 ***	0.042 ***	0.040 ***
$Cumval_{i,t-1}$	0.191 ***	0.155 ***	0.116 ***
MR_P_{it}	0.606 ***	0.615 ***	0.614 ***

变量	(1)	(2)	(3)
MR_N_{it}	1.743 ***	1.497 ***	1.307 ***
餐厅固定效应	是	是	是
时间固定效应	是	是	是
阿森费尔特沉降	否	是	是
观测值	18700	16455	13463
R^2	0.682	0.697	0.723

注：因变量为餐厅 i 在 t 月的评论数量。在模型（2）中的观测值是剔除了第一个顾客回复前后 1 个月的数据（$\tau=-1$，0，1）。在模型（3）中的观测值是剔除了第一个顾客回复前后 3 个月的数据（$\tau=-3$，-2，-1，0，1，2，3）。*** 表示 $p<0.01$。

四、可见性机制检验的实证结果

前文的双重差分模型的分析结果只是验证了在第一个顾客回复之后餐厅的评论数量会有增加。然而，本章考虑到可能会存在同时期的其他政策导致了评论数量的变化。为了进一步验证顾客回复对于后续评论数量的影响，本章提出了一种可见性机制探究顾客回复影响的背后机制，并且可以帮助排除掉其他同时期政策的影响。

由于在线顾客间互动的公开性，顾客回复的存在可能会影响观察互动的后续顾客的参与行为。基于社会学习和强化理论，本章假设可见性机制导致了顾客回复对后续评论数量的影响。

本章认为，当顾客回复出现在最新的评论页面时，会影响评论数量。因为根据已有研究很少有顾客阅读在线评论时会超过两页[251]。在大众点评的评论系统中，评论是按时间顺序倒序排列的，具体来说，每页最多有 15 条评论。因此，本章预测，如果在最新 30 条评论中后续顾客观察不到顾客回复，那么它对评论数量的影响将会下降。根据表 3-2 的统计数据，大众点评平均每月的评论数为 26.29 条，该数值接近顾客可能阅读的最大评论数。因此，本章构建了一个变量 $Since\_CR_{it}$，以衡量餐厅距离收到最新顾客回复的月数。例如，如果一家餐厅在 2021 年 1 月才收到最新的顾客回复，那么在 2021 年 1 月的 $Since\_CR_{it}$ 将设置为

0，在2021年2月和2021年3月的 $Since\_CR_{it}$ 将分别设置为1和2，并依次增加。直到当月收到一个新的顾客回复，$Since\_CR_{it}$ 将重置为0。

本章在式（3-1）的控制向量 X_{it} 上加入变量 $Since\_CR_{it}$，重新估计式（3-1）。本章将模型的估计结果展示在表3-6中。$Since\_CR_{it}$（coefficient = -2.469，$p<0.01$）的估计系数为显著的。这代表了如果当月顾客没有观察到有顾客回复的存在，那么评论数量将会下降2.469个。这可以进一步推论，如果餐厅在最新的三个月之内（3=7.411/2.468）的评论中没有收到顾客回复，那么顾客回复对于后续评级的积极影响就会消失。换句话说，如果顾客在最新的78.87（=3×26.29）个评论或最近的5.25（=78.87/15）页中没有观察到任何顾客回复，那么顾客回复的影响将消失。

然而，这一结果与本章假设的不一致，即顾客阅读不超过两页。本章提出的一种解释是，大众点评的默认评论顺序是在前三页以倒序的顺序显示过去三个月精选的高质量评论。因此，即使顾客阅读不超过两页，他们仍然可能观察到过去三个月内突出显示的评论。

本章上述的研究已经证明了，在第一个顾客回复之后的顾客回复依然会影响后续评论数量。并且后续顾客如果没有在近期观察到包含顾客回复的评论，顾客回复对其影响会消失。这已经证明了，本章提出的可见性机制是正确的，本章提出的假设2也是成立的。

五、顾客回复的频率和数量影响的实证结果

接下来，本章探讨顾客回复频率和数量对后续评论数量的影响，以此进一步验证顾客回复可见性的影响。如果评论数量的增加是基于在第一个顾客回复的同一时间段的其他政策导致的，那么后续顾客回复的存在、频率和数量都应该不会影响后续评论数量。本章构造了顾客回复频率的变量 $CR\_fre_{i,t-1}$ 来衡量在 $t-1$ 个月里餐厅 i 中包含顾客回复的评论数量，构建了顾客回复数量的变量 $CR\_num_{i,t-1}$ 计算单个评论中获得的顾客回复的数量。本章在控制向量 X_{it} 中分别加入 $CR\_fre_{i,t-1}$ 和 $CR\_num_{i,t-1}$，并重新估计式（3-1）。估计结果展示在表3-6的模型（2）和模型（3）中，并在模型（4）中检验了同时包含 $CR\_fre_{i,t-1}$ 和 $CR\_num_{i,t-1}$ 两个变量的结果。结果表明，顾客回复的频率和数量对后续评论数量有显著的正向影

响。每当有一个评论中包含顾客回复，餐厅则会增加 1.345 条评论；每当有一个顾客回复行为，餐厅会增加 0.137 条评论。

表 3-6　顾客回复可见性相关变量的实证结果

变量	(1)	(2)	(3)	(4)
$CR_i \times After_{it}$	7.411***	2.978***	4.702***	3.014***
CR_i	3.368***	3.485***	3.836***	3.496***
$After_{it}$	4.417***	5.217***	4.660***	5.231***
$Cumvol_{i,t-1}$	0.040***	0.033***	0.039***	0.033***
$Cumval_{i,t-1}$	0.184***	0.154***	0.170***	0.152***
MR_P_{it}	0.599***	0.533***	0.579***	0.532***
MR_N_{it}	1.726***	1.425***	1.573***	1.407***
$Since\_CR_{it}$	−2.496***			
$CR\_fre_{i,t-1}$		1.345***		1.235***
$CR\_num_{i,t-1}$			0.137***	0.036***
餐厅固定效应	是	是	是	是
时间固定效应	是	是	是	是
观测值	18700	18700	18700	18700
R^2	0.685	0.705	0.691	0.705

注：因变量为餐厅 i 在 t 月的评论数量。*** 表示 $p<0.01$。

上述的研究结果表明，不仅第一个顾客回复的出现，而且后续的顾客回复的出现、频率和数量也都对评论数量有显著的正向影响。根据本章假设的反向推论，如果本章的估计结果是由于其他同期政策变化导致评论数量增加，那么后续的顾客回复的相关变量对于后续评论数量是没有影响的。因此，上述结果证明了假设 2 是成立的，表明顾客回复是通过可见性机制影响后续顾客的评论数量，更进一步证明了是顾客回复的存在影响后续的评论数量而不是其他同期因素。

六、稳健性检验的实证结果

(一) 异质性检验

以上的分析中，本章一直将评论视为同质的。为了进一步验证本章估计结果的稳健性，本章通过构建几个相关的变量来检验评论异质性的影响。变量分为两个部分，一方面是代表顾客回复的异质性，包括正面评论中顾客回复的数量/比例和负面评论中顾客回复的数量/比例。另一方面代表评论的异质性，包括正面评论数量/比例和负面评论数量/比例。变量的具体定义如表3-7所示。

表3-7 评论异质性的相关变量

变量		变量描述
顾客回复的异质性	$PosNum_{i,t-1}$	餐厅i在$t-1$月收到顾客回复的正面评论的数量
	$NegNum_{i,t-1}$	餐厅i在$t-1$月收到顾客回复的负面评论的数量
	$PosCR_{i,t-1}$	餐厅i在$t-1$月正面评论中顾客回复的数量
	$NegCR_{i,t-1}$	餐厅i在$t-1$月负面评论中顾客回复的数量
后续评论的异质性	$PosVol_{it}$	政策之后餐厅i在t月正面评论的数量
	$NegVol_{it}$	政策之后餐厅i在t月负面评论的数量
	$PosRatio_{it}$	餐厅i在t月正面评论的占当月评论总数的比例
	$NegRatio_{it}$	餐厅i在t月负面评论的占当月评论总数的比例

首先，本章将顾客回复的异质性变量分别放入式 (3-1) 重新估计，并将结果展示在表3-8的模型 (1) 和模型 (2) 中。根据表3-8的结果可以看出，顾客回复的正面评论和负面评论的数量和频率对后续评论数量均有显著的正向影响。正面评论收到顾客回复会使餐厅增加1.334条评论，负面评论收到顾客回复会使餐厅增加1.413条评论。这可能是基于强化理论，无论是正面评论还是负面评论，顾客回复行为都可能增加后续顾客的感知奖励，鼓励他们发布评论。

其次，本章研究了顾客回复对后续正面评论和负面评论数量的影响。根据表3-8中的模型 (3) 和模型 (4) 的结果可以看出，实验组餐厅在收到顾客回复后每月平均增加4条正面评论和大约1条负面评论。根据模型 (5) 和模型 (6) 的回归结果，餐厅收到顾客回复后，平均每月正面评论的比例增加4.2%，而负面评论的比例显著减少了约 3.9%。

（二）平台内分析

上述双重差分模型分析是基于跨平台的数据。考虑到大众点评和美团在平台特征上的差异，本章进行了平台内双重差分模型分析，以进一步验证本章结果的稳健性。本章选择在大众点评上没有顾客回复的餐厅作为对照组，有顾客回复的餐厅作为实验组。由表 3-8 中模型（7）的结果可知，顾客回复对后续评论数量仍有显著的正向影响。具体来说，餐厅收到顾客回复后，评论数量会增加 2.057 条。这表明本章的估计结果在平台内也是稳健和可靠的。

表 3-8　稳健性的实证结果

变量	顾客回复的异质性		后续评论的异质性				平台内分析
	（1） R_Vol_{it}	（2） R_Vol_{it}	（3） $PosVol_{it}$	（4） $NegVol_{it}$	（5） $PosRatio_{it}$	（6） $NegRatio_{it}$	（7） R_Vol_{it}
$CR_i \times After_{it}$	2.957***	4.134***	3.999***	1.057***	0.042***	-0.039***	2.057***
CR_i	5.211***	4.783***	-2.571***	-1.464***	0.016*	-0.041***	0.546***
$After_{it}$	3.505***	3.815***	-0.989***	-0.304*	-0.034***	0.031***	0.672*
$Cumvol_{i,t-1}$	0.033***	0.038***	0.014***	0.010***	0.000*	0.000**	0.025***
$Cumval_{i,t-1}$	0.155***	0.178***	0.062***	-0.026***	0.009***	-0.009***	0.026**
MR_P_{it}	0.533***	0.576***	0.945***	-0.020*	0.005***	-0.005***	0.718***
MR_N_{it}	1.424***	1.505***	-0.170***	0.900***	-0.045***	0.044***	0.461***
$PosNum_{i,t-1}$	1.334***						
$NegNum_{i,t-1}$	1.413***						
$PosCR_{i,t-1}$		0.122***					
$NegCR_{i,t-1}$		0.573***					
餐厅固定效应	是	是	是	是	是	是	是
时间固定效应	是	是	是	是	是	是	是
R^2	0.705	0.695	0.676	0.495	0.245	0.224	0.486

注：* 表示 $p<0.1$；** 表示 $p<0.05$；*** 表示 $p<0.01$。

第五节　研究结果

随着社交功能的引入，在线评论系统推出了顾客回复这一顾客间互动的新功能。因此，本章基于此新型功能探究了顾客回复行为对于后续评论数量的影响。实证结果表明，顾客回复行为通过可见性机制显著影响后续评论数量。本章使用社会学习理论和强化理论来解释该发现，并提出后续顾客会将顾客回复行为视为一种评论奖励，从而激励他们发布更多的评论。具体而言，本章的研究结果包括以下几个方面：

第一，本章发现顾客回复行为对后续评论数量有显著正向影响。具体而言，当餐厅在收到第一个顾客回复之后，其评论数量平均每月增加了 5.286 条。这表明基于在线评论的顾客间互动会影响后续顾客的评论行为。第二，本章发现顾客回复行为的影响是通过可见性机制，进而影响后续顾客的评论行为。当后续顾客在最近的 5 个评论页面或最近 3 个月的评论中没有观察到顾客回复时，后续顾客评论行为不再被顾客回复所影响。第三，本章探究了顾客回复的频率和数量对后续评论数量的影响。具体而言，当企业获得顾客回复的评论数量越多时，或单条评论获得顾客回复数量越多时，顾客回复对于后续顾客的评论行为产生的影响越大。这也意味着，顾客间互动越频繁，越能加强后续顾客的感知，并激发他们发布评论的积极性。第四，本章的研究结果表明，无论顾客回复正面评论还是负面评论，都会提升后续顾客的评论数量。可以看出，相比于顾客间的互动内容，后续顾客在发布评论时更关心顾客间互动的行为。

本章小结

在线评论系统中的顾客间互动可以通过顾客回复的功能来实现，但是这种新型互动方式的外部性影响尚未被充分研究。本章为了解决这一研究空缺，使用了双重差分策略来识别顾客回复行为对于后续顾客评论数量的影响。首先，基于社会学习理论和强化理论，本章假设顾客回复行为对于后续评论数量有积极影响，并进行了检验。其次，本章对顾客回复行为的可见性机制进行了验证，且排除了其他同期政策对于评论数量的影响。在验证了顾客回复的存在、数量和频率都对后续评论数量有积极影响后，本章进一步探究了顾客回复对于正面和负面评论数量的影响。最后，本章利用了大众点评平台的数据，进行了平台内的稳健性分析以此提高本章结果的稳定性。本章的研究验证了顾客回复行为对于顾客评论行为的影响效果和影响机制，不仅帮助本章证实了在线评论系统中顾客间互动的重要性，也为下一章探究顾客回复行为对于评论评级的影响奠定了基础。

第四章　基于在线评论的顾客回复行为对评论评级的影响

本章的研究延续了第三章对于顾客回复行为影响的探究，关注了顾客回复行为对顾客评论行为中另一个重要的因素的影响——评论评级。评论评级是在线评论的星级打分，是独立于评论文本内容的信息，也是在线评论内容的重要属性。评论数量代表产品或服务的受欢迎程度，评论评级则反映了顾客对服务的满意程度。与评论数量相比，评论评级可能对顾客决策和销售有更大的影响。因此，在第三章已经明确了基于在线评论的顾客回复行为会影响顾客发布评论意愿的基础上，本章通过分析顾客回复行为对评论评级的影响，进一步深入研究在线评论中顾客回复行为对顾客发布评论内容的影响。

第一节　研究问题

评论评级是在线评论信息的重要维度，是顾客评价产品质量和服务程度的重要指标，代表了已消费顾客对服务或产品的满意程度[59]。BrightLocal（2022）调查显示，超过98%的消费者在决定是否购买之前，会在网上搜索相关产品的评论；其中近60%的消费者表示，产品的平均评级是他们购买决定中关注的最重要的产品信息属性①。BrightLocal 的调查报告还表明54%的消费者表示关注产品的

---

① https：//www.brightlocal.com/research/local-consumer-review-survey-2022/.

平均评级，而46%的消费者关注评论的数量①。在线评论可以帮助潜在顾客从已有服务经验的顾客那里获得经验，对产品和服务信息进行更加全面的了解，这有助于减少顾客购物的不确定性[11-14]。其中，评论评级可以反映出顾客对于产品和服务的满意程度，而综合的评级信息（如平均评级和评论数量）可以被顾客当作是企业产品和服务质量的衡量标准[113,254]。

在线评论评级不仅会影响顾客的购买决策还会直接影响企业的绩效，已有文献证明评论评级显著影响图书销售[49]、电影票房[111]、餐厅销量[255]、酒店入住率和销售额[58,90,160]。当在线评论评级每增加1%时，每个房间的酒店销售额将相应增加2.5%以上[256]。此外，消费者的正面评论通常会给在线旅游平台中的酒店带来价格溢价[257]。在餐饮行业，一家餐厅在Yelp上的评级每增加一星，其收入就会增加5%~9%[255]。虽然本章没有研究顾客购买行为，但上述这些研究也表明，评论评级的提升是一个与企业管理相关的积极结果，会直接影响到顾客的购买意愿。从顾客的角度来看，评论评级可以显著降低与购买体验商品的不确定性相关的风险[6,11,15]。从企业的角度来看，评级是一个有价值的信息渠道，可以成为一个有用的营销工具和提升绩效的手段[242]。因此，了解影响顾客在线评级行为的影响因素是很有必要的。

相关研究表明已有评论会影响后续顾客的评级行为[143-147]，因此本章认为在线评论中的顾客回复行为也会影响后续顾客的评级行为。具体来说，由于在线互动的公开性，在线评论系统中的评论和回复内容是对所有浏览顾客长期可见的。已有研究证明，顾客在做出自己的评论评级决定时，不仅与顾客的服务体验有关[138,258]，而且会根据已有评论内容相应地调整自己的评级[146,147,150]。在线评论中的顾客回复属于评论内容的一部分，因此也会影响到后续顾客的评级行为。当前研究主要关注了初始评论内容对于顾客评级行为的影响，但是鲜有学者关注顾客回复对评级行为影响的有效性。因此，为了弥补现有研究的不足，本章的主要研究问题为顾客回复行为是否影响以及如何影响后续顾客的评论评级。

---

① https://www.brightlocal.com/research/local-consumer-review-survey-2017/.

第二节 研究假设

一、顾客回复行为对评论评级的影响

依据人类的本能，大部分人都会在意周围人对自己的看法，这种对社会形象的关注可以对一系列行为产生强大的影响。根据社会压力理论，如果个体感觉到有人观察，很可能会做出亲社会的决定，因为其他人的存在会造成社会压力[206]。社会压力对个人的亲社会影响在经济学和社会学文献中已经得到了检验。例如，Mann（2010）的研究表明如果公民在投票过程中受到监控，投票率会增加1.8个百分点[229]。Kim 等（2018）认为在自助服务环境下，如果有人排队等待用户可能会决定缩短使用时间[259]。Barasch 和 Berger（2014）的研究也表明相对比私人渠道，当一个人在开放的渠道上交流时，他会避免分享反映自己不好的内容来维护自己的形象[292]。

顾客回复行为是一种典型的在线顾客间互动行为，包括两种途径的互动，一种是顾客与顾客之间的直接人际互动，另一种是通过影响在线评论内容与后续顾客发生的间接互动。基于社会学习理论，顾客回复行为使后续顾客会认为他们发布的评论也会获得其他顾客的观察和回复。顾客回复行为会使后续顾客感知到有其他人会关注评论信息，并加强这种被观察的感觉。根据社会压力理论，顾客回复行为会使后续顾客感受到社会压力，从而改变其评级行为。此前的研究表明，社会压力对在线评级有积极影响。Lee 等（2015）发现，在线社区中拥有更多朋友的用户会给出更多正面评论[145]。Wang 等（2019）认为，当评论者面对更多的同行评议和有更多人关注时，会给出更高且更多样化的评论评级，以及写出更高质量的评论[155]。根据社会压力理论，本章推断当后续顾客观察到顾客回复行为时，他们倾向于选择亲社会行为，并发布正面评论来显示自己的友好。因此，本章提出以下假设：

假设3：顾客回复行为会增加后续顾客的评论评级。

二、顾客回复异质性对评论评级的影响

以往的研究证明，评论的回复影响表现出异质性[157]。例如，Wang 和Chaudhry（2018）的研究表明商家回复正面评论是一种促销行为，而商家回复负面评论属于服务补救[158]。前者会使顾客产生抗拒心理进而降低评级，而后者会提高顾客的服务满意度和评级。Zhao 等（2020）认为及时的商家回复是一种服务态度认真负责的表现，也会提高顾客评级[166]。Zhang 等（2020）表明商家回复的内容与评论内容的主题匹配度越相近，顾客对于企业的服务可信度和满意度越高[260]。可以看出评论回复的评级、时间和内容的不同都会导致其对后续评级的影响不同。因此，本章也有必要考虑顾客回复的异质性对于后续顾客评级行为的是否有不同影响。

本章从两个方面探讨了顾客回复的异质性，一方面关注了初始评论的评级差异，另一方面分析了顾客回复本身的时间差异。

顾客回复是根据焦点顾客发布的初始评论生成的。之前的研究表明，不同的初始评论的评级会导致后续顾客对他们的回复抱有不同的期望[157]。例如，商家回复负面评论被认为是一种提高顾客满意度的服务补救行为，会提高后续顾客的评级。而商家回复正面评论被认为是一种引起顾客抵制的促销活动[174]，反而会降低顾客的评级[174]。因此，本章推断初始评论的评级也会调节顾客回复对于后续评级的影响。

之前的研究表明顾客发布正面评论，不仅是因为他们对企业的服务感觉很满意，还因为想通过发布评论来与其他顾客分享积极的体验和情绪[138]。本章认为，顾客回复正面评论是顾客之间积极的情感和信息交流，这种互动改善了顾客的服务体验[163]。而且这种正向相互作用具有溢出效应。也就是说，后续顾客可能也会感受到积极的服务体验和情绪[38]，导致其积极的评级[261]。因此，本章提出以下假设：

假设4：顾客回复正面评论会增加后续顾客的评论评级。

对于初始评论是负面评级的情况，本章将顾客回复负面评论视为抱怨者与其他顾客之间的互动，这增加了顾客抱怨的强度和意愿[262]。因为负面评论往往是顾客经历了服务失败后，出于对企业的不满进行投诉和基于报复心态发布的口

碑[263]。其他顾客加入投诉的这种行为很可能扩大负面口碑的影响，甚至引发"在线风暴"，进一步恶化企业的在线声誉[264]。此外，基于投诉的顾客间互动可能导致价值破坏，降低顾客对企业服务质量的感知[262]。因此，本章认为顾客回复负面评论降低了后续顾客对服务质量的感知并导致其消极的评论，并提出以下假设：

假设5：顾客回复负面评论会降低后续顾客的评论评级。

顾客回复的发布时间可能有不同的风格。例如，一些顾客可能对最近的评论感到好奇，并与这些评论的发布者进行互动。而另一些顾客可能更关注早期的评论。因此，顾客回复和初始评论的发布时间之间存在时间距离。本章将此属性定义为顾客回复的及时性。对企业和顾客互动的研究表明，商家回复延迟会影响后续的顾客评级，及时的商家回复会让顾客体验到更高质量的服务[158]。因此，本章认为顾客回复的及时性也会调节顾客回复对后续顾客评级的影响。如果顾客在互动中得到及时的回复，就会提升他们对沟通互动性的感知[265]，并提高顾客满意度[266]；及时的评论信息会增强顾客对信息内容的感知[267]，并被顾客认为更有用[268]。后续顾客观察到顾客回复与初始评论之间的发布时间越近，顾客回复的及时性越强，后续顾客对其感知有用性也越大。因此，本章认为顾客回复得越及时，顾客回复对后续评级的影响越大。因此，本章提出以下假设：

假设6：顾客回复的及时性正向调节了顾客回复对后续顾客评论评级的正向影响。

第三节　实证数据和研究框架

一、数据背景和搜集

同第三章的数据背景相同，本章的实证研究背景依然是选择餐厅行业，数量来源于大众点评和美团两个网站的餐厅评论数据。本章选取这两个平台的数据有三个原因：一是为了更好地延续本书的研究结果，本章利用了相同来源的样本。

二是基于大众点评和美团是中国较大的两个生活服务平台，包括餐饮、酒店、旅游、电影等。根据 QuestMobile 的 2021 年度报告，在 2021 年大众点评的活跃用户总数为每月 6700 万，美团的活跃用户总数每月为 3.74 亿。三是两个平台的平台系统的功能不同给本章的研究提供了自然实验场景，大众点评允许其他顾客对评论进行回复，而美团在本章的研究期间是不允许顾客回复在线评论。

　　本章获取的评论信息的标准与第三章有所不同。具体有以下几个步骤：首先，本章搜集了在大众点评上中国北京市所有的餐厅信息，包括餐厅名称、地址、评论评级、评论数量和统一的资源定位器（Uniform Resource Locators，URL）。其次，本章将大众点评和美团上获取到的餐厅样本通过餐厅名称和地址的匹配进行链接，得到两个平台上匹配的餐厅 7632 家。最后，为了尽可能使餐厅样本在本章研究的时间范围内有足够的评论信息来探究顾客回复前后的变化，本章将样本限制在两个平台上的评论总数超过 100 条评论的餐厅。本章最终的分析样本总共包含了 1202 家匹配的餐厅，其中来自大众点评的评论有 1896686 条，来自美团的评论有 961393 条。基于数据抓取时间的限制，美团平台的样本数据是从 2012 年 4~6 月。大众点评的评论系统在 2010 年之前没有评论评级的数据，因此大众点评的样本只保留了从 2010 年 1~12 月的数据。对于每家餐厅的评论信息，本章收集了评论文本、评论评级、评论日期，以及商家回复和顾客回复的数量、内容和发布日期。

二、描述性统计结果

　　本章对上述获取到的样本数据进行描述性统计。首先，本章关注了两个平台上评级的变化趋势，并将分析结果展示在图 4-1 中。从图中可以看出，大众点评的评论评级的趋势为缓慢上升，而美团平台上的评论评级相对大众点评有较为明显的上下波动趋势，且大致是围绕着 4 星评级波动。总体而论，两个平台的评级都高于 3.5 星，说明两个平台上的顾客满意度保持着较高水平。

　　其次，本章关注了大众点评平台上包含顾客回复的评论的出现频率。因为顾客在观察和浏览评论时，并不总是局限于当年的评论信息，也会关注其他年份的评论。因此，本章统计了包含顾客回复的评论的累计比例。根据图 4-2 可以看

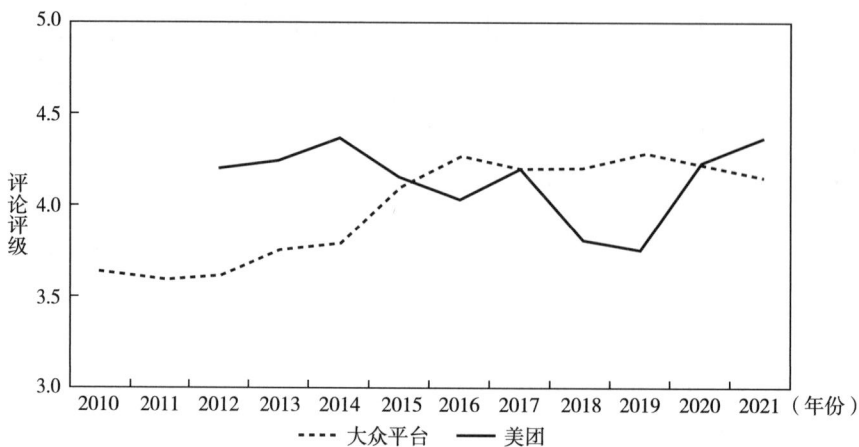

图 4-1　2010~2021 年大众点评和美团平台上评论评级的变化趋势

出，累计比例逐年增长，属于上升趋势。截至 2021 年，本章搜集的数据中，有 13.1%的评论中收到顾客回复，也就是说每 13 条评论中就会有一条包含顾客回复。

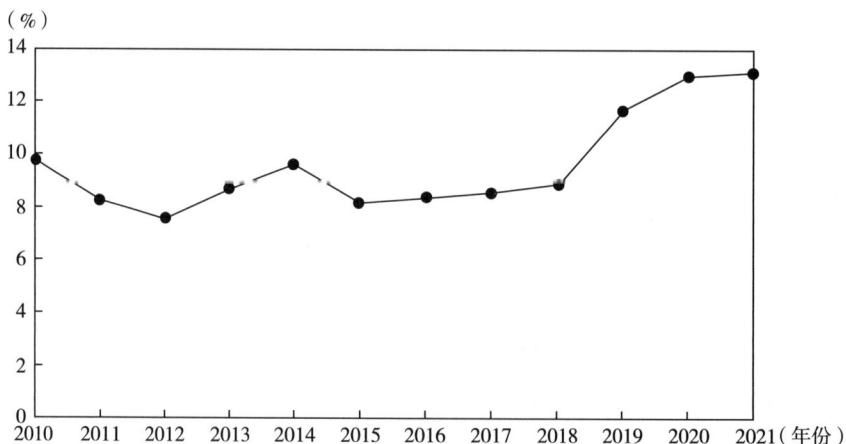

图 4-2　2010~2021 年大众点评包含顾客回复的评论的累计比例

最后，本章观察和分析了顾客回复不同评级评论的情况。由于大众点评与美团的评论系统中评级分类不同，为了更好地统一本章的样本结果，本章把搜集到的样本数据中两个平台的评论评级进行了统一。具体来说，大众点评的评论评级有 10 个等级，从最低的 0.5 星到最高的 5 星，评级之间最小间隔为 0.5 星。而美团的评论评级为五分制评级（即从 1 星到 5 星，共 5 个等级）。为了保持样本评级的一致性，本章将大众点评上的评级转换为和美团相同的评级方案。本章按照五分制评级对评级进行排序，把 0.5 星到 1.5 星的评论分类为一星，2 星到 2.5 星的评论分类为二星，3 星到 3.5 星的评论分类为三星，4 星到 4.5 的评论分类为四星，5 星的评论为五星。本章把评级大于等于 4 星的划分为正面评论，评级小于 4 星的为负面评论。同理，本章把顾客回复分为两大类：一类是根据正面评论和负面评论的划分标准，分为顾客回复正面评论（Customer Response to Positive Reviews，CR_P）和顾客回复负面评论（Customer Response to Negative Reviews，CR_N）；另一类为按照五个等级的评级，观察顾客回复 1 星到 5 星的情况。图 4-3 展示了大众点评平台上顾客回复的两种类别的情况，可以看出，每年顾客回复正面评论的比例总是高于回复负面评论。CR_P 的评论比例在逐年上涨，而 CR_N 的比例一直保持在 2%～4%。这可能是因为大众点评上整体评级较高，正面评论数量比负面评论数量多，因此导致的 CR_P 的比例远高于 CR_N。本章在图 4-4 中进一步展示了按照五个评级划分的顾客回复的比例，可以看出评级为 5 星的评论获得的顾客回复最多。

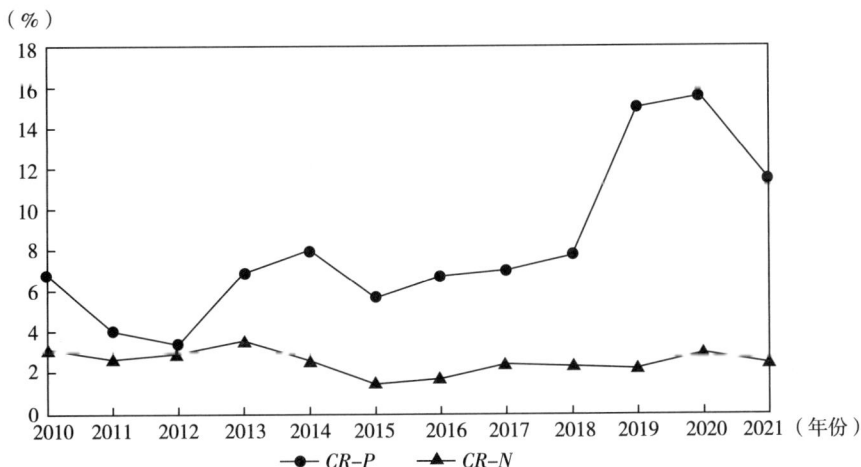

图 4-3 2010～2021 年顾客回复正面和负面评论的比例

（%）

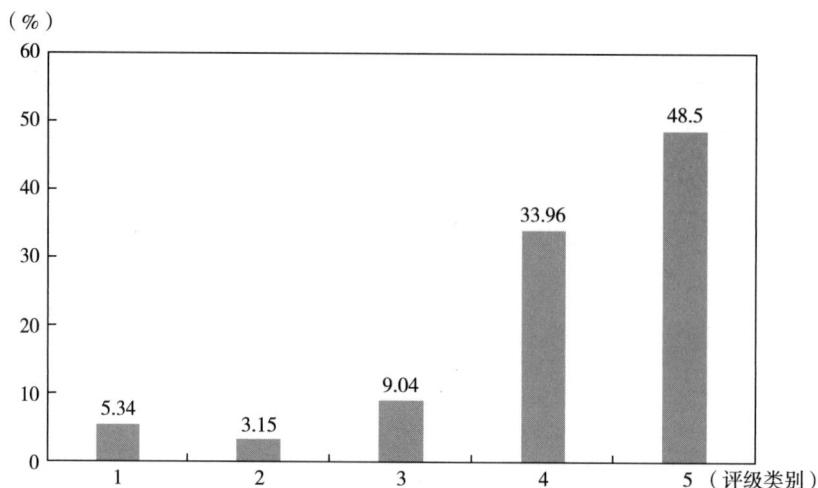

图4-4　顾客回复不同评级评论的展示

三、研究框架

本章想要探究的顾客回复行为对后续顾客评论评级的影响，这和第三章的研究类似，属于因果验证。为了更好地排除其他内生性影响，估计更为准确的顾客回复对于后续评级的影响，本章的研究框架采用了两个识别策略，分为平台内识别策略和平台间识别策略。具体汇总在表4-1中。

表4-1　本章的研究策略

研究策略	识别模型	处理条件	数据来源	
			大众点评	美团
平台间识别策略	双重差分模型	第一个顾客回复	√	√
平台内识别策略	可见性识别模型	顾客回复的可见性	√	

首先，本章采用双重差分策略对样本数据进行实证检验，把顾客回复行为看作一种政策的实施，探究该政策的净效应值。双重差分策略可以解决导致评论评级变化的两个主要的内生性问题：一种引起评论评级变化的原因是实验组餐厅和对照组餐厅之间潜在的质量差异；另一种原因是餐厅的评级会基于时间因素发生

变化，例如，在特定的日期，由于客流量大导致餐厅的服务水平有所下滑，进而评级下降，或者是评级在早期和餐厅后期有差异。本章的数据来源也给本章进行双重差分策略提供了合适的样本。大众点评和美团在评论回复功能上存在差异，只有大众点评平台允许顾客回复在线评论。因此，在双重差分策略中，本章把大众点评平台上获得顾客回复的餐厅 i 设置为实验组，而对应的美团平台上相同的餐厅 i 设置为对照组。考虑到双重差分模型策略是将顾客回复当作一种政策实施来探究该政策发生后的净效应，因此双重差分模型的分析结果证明的是第一个顾客回复行为对于后续评论评级的影响，而不是一般的顾客回复行为。为了进一步扩展本章的研究结果，明确一般的顾客回复行为的影响，本章采用了可见性识别策略来分析每个顾客回复行为的影响。

其次，本章利用可见性识别策略和平台内数据进一步探究每个顾客回复行为对于后续评级的影响。本章使用的可见性识别策略与 Wang 和 Chaudhry（2018）以及 Zhao 等（2020）使用的因果识别策略的原理相同，该策略是基于这样的一种认知：顾客回复行为只有当被后续顾客观察到时，才会影响到后续顾客的评级行为[158,166]。也就是说，当后续顾客发布在线评论时，顾客回复的可见性是顾客回复影响后续顾客评级的边界条件。本章使用后续评论和顾客回复的发布时间来确认后续顾客在发布评论时是否能观察到初始评论中包含顾客回复，认为顾客回复的可见性可以用来评估顾客回复对后续评级的影响，并借鉴 Wang 和 Chaudhry（2018）文献中使用的因果识别策略模型推导出以下识别顾客回复行为的原理[158]：

顾客回复行为的影响＝顾客回复行为可见性的影响＝E［后续顾客的评论评级｜可见的顾客回复行为］－E［后续顾客的评论评级｜不可见的顾客回复行为］

上述原理的含义是，顾客回复行为的影响等于顾客回复行为可见性的影响，顾客回复行为可见性的影响可以利用两个期望值的差异进行衡量，一个是在顾客回复行为可见的情况下后续顾客的评论评级的期望值，另一个是在顾客回复行为不可见的情况下后续顾客的评论评级的期望值。为了更加形象地展示本章利用的可见性识别策略，本章通过示意图和时间线图概述了后续顾客在发布评级时的观察评论的情况。图 4-5（a）和图 4-5（b）分别利用了使用时间轴图和可视化图来表示的可见性处理的识别策略，包括两种可见性的场景。可见性的视觉表现参考了大众点评的网站设计：大众点评的评论系统以倒叙的时间顺序显示评论，每个页面最多呈现15条评论。在第一个场景中，后续顾客在发布评论之前，其他顾客已经对初始评论作出回复。这表明后续顾客是可以观察到顾客回复行为，符合该场景的样本在本章中被视为实验组。在第二个场景中，在后续顾客在发布评论之后，其他顾客才对初始评论进行了回复。这意味着，虽然在本章搜集样本的时间点，之前的评论包含了顾客回复，但是在后续顾客发布评论的时候其他顾客还没有回复。通过对上述两个场景进行分析可以看出，顾客回复与顾客回复可见

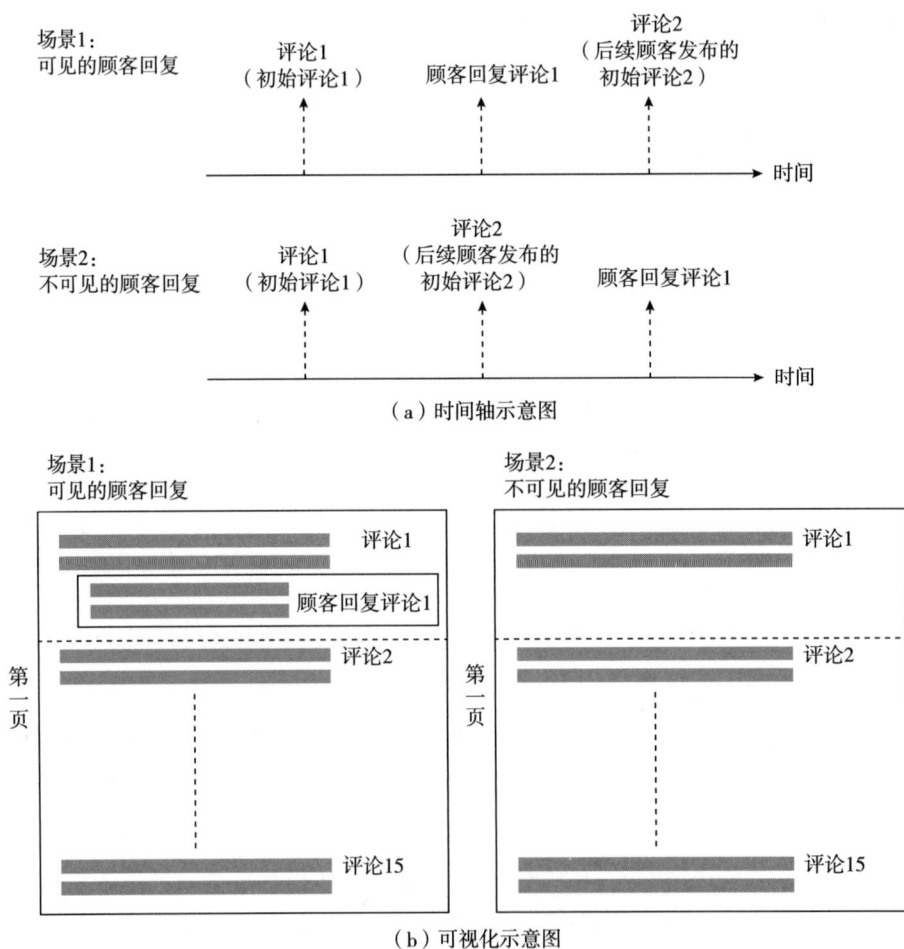

（a）时间轴示意图

（b）可视化示意图

图4-5　可见性识别策略的示意图

性对后续顾客的实际影响是相同的。为了更好地探究顾客回复可见性的影响，本章采用了大众点评平台上的数据，只利用包含顾客回复的评论作为可见性识别策略的分析样本。这样的样本集合可以更有效地探究顾客回复的影响。

第四节　平台间识别策略的实证分析

一、变量和模型构建

本节采用的是双重差分模型策略，把样本数据整合到餐厅-月 (i, t) 单位水平。

首先，本节的因变量为后续顾客的评级行为，用评论评级表示（Review Ratings，R_{it}），代表了餐厅 i 在第 t 个月评论的平均评级。

其次，与第三章的变量构建相同，本节根据双重差分策略，构建了两个虚拟变量，一个代表了是否包含顾客回复的虚拟变量（Customer Response，CR_i）。CR_i 代表了在本节的研究时期内，餐厅 i 中是否包含有顾客回复的在线评论。另一个是虚拟变量是表示政策前和政策后的差异，由 $After_{it}$ 代表。该变量餐厅 i 在 t 时间段的评论中是否包含顾客回复的评论。顾客回复的影响由 CR_i 和 $After_{it}$ 的交互项的估计系数表示。

最后，本节设置的控制变量考虑了两个方面。一方面，根据已有研究发现，已有评论的数量和评级[192,194] 会影响后续顾客的评级行为。因此，本节控制了每家餐厅 i 在 $t-1$ 时刻的累计评论数（Cumulative Volume，$Cumvol_{i,t-1}$）和累计的平均评级（Cumulative Mean Valence，$Cumval_{i,t-1}$）。另一方面，考虑到商家回复对评论评级的影响，将商家回复正面评论（Managerial Responses to Positive Reviews，$MR\_P_{i,t-1}$）和负面评论（Managerial Response to Negative Reviews，$MR\_N_{i,t-1}$）的数量作为控制变量。表 4-2 列出了本章使用到的变量的定义。

表4-2 变量定义

变量名称	变量定义和描述
R_{it}	餐厅 i 在 t 月的当月评论的平均评级
$After_{it}$	餐厅 i 在 t 月的评论中是否包含顾客回复的评论
CR_i	在本节的研究时期，餐厅 i 的评论中是否有包含顾客回复的评论
$Cumvol_{i,t-1}$	餐厅 i 在 $t-1$ 月累计评论总数量
$Cumval_{i,t-1}$	餐厅 i 在 t 月累计评论的平均评级
$MR\_P_{i,t-1}$	餐厅 i 在 $t-1$ 月商家回复正面评论的数量
$MR\_N_{i,t-1}$	餐厅 i 在 $t-1$ 月商家回复负面评论的数量

基于上述构建的变量，本章利用以下的模型来实现跨平台的双重差分估计策略：

$$r_{it} = \theta After_{it} + \gamma CR_i + \beta CR_i \times After_{it} + \delta_1 Cumvol_{i,t-1} + \delta_2 Cumrat_{i,t-1} + \delta_3 MR\_P_{i,t-1} +$$
$$\delta_3 MR\_N_{i,t-1} + \alpha_i + \mu_t + \varepsilon_{it} \tag{4-1}$$

其中，$CR_i \times After_{it}$ 的交互项可以用来同时控制政策实施前后和实验组与对照组的差异，其交互系数 β 表示顾客回复对后续评论评级的影响。θ 的估计值表示政策前和政策后的评级的差异，γ 的估计值代表了实验组餐厅和对照组餐厅之间的评级差异。模型中分别利用 α_i 和 μ_t 控制餐厅固定效应和时间固定效应。

二、平行趋势分析的实证结果

与第三章的实证分析相同，在利用双重差分模型进行分析之前，需要先对样本数据进行平行趋势检验。这是因为双重差分模型策略有一个关键假设，即在顾客回复政策处理之前，实验组和控制组的评论评级的变化趋势是平行。如果样本不满足平行趋势假设，那么利用双重差分模型得到的顾客回复行为的影响是不准确的。本章同样利用了 Angrist 和 Pischke（2008）提出的相对时间模型来观察实验组和控制组的评级差异[269]，具体的模型如式（4-2）所示：

$$r_{it} = \gamma CR_i + \sum_{\lambda=-T}^{T} \beta_\lambda CR_i \times Interval_{i\lambda} + \delta_1 Cumvol_{i,\,t-1} + \delta_2 Cumrat_{i,\,t-1} +$$
$$\delta_3 MR\_P_{i,\,t-1} + \delta_3 MR\_N_{i,\,t-1} + \alpha_i + \mu_t + \varepsilon_{it} \tag{4-2}$$

其中，$Interval_{i\lambda}$ 是一个时间虚拟变量，表示餐厅 i 当前时间 t 月与收到第一个顾客回复的月份之间的时间差。本章将 λ 设置为 0，代表餐厅在该月 t 收到第一个顾客回复。λ 为-1 表示该 t 月是收到第一个顾客回复的前一个月，λ 为 1 表示该 t 月是收到第一个顾客回复的后一个月。双重差分模型策略观测的是政策实施前后一年的数据，所以按照月份划分 $Interval_{i\lambda}$ 一共包含 24 个虚拟时间变量。因此，本章设置 T 为 12。$CR_i \times Interval_{i\lambda}$ 的系数集捕捉了实验组和对照组之间的评论评级差异，这有助于识别评论评级趋势的变化。

本章使用固定效应（Fixed-Effect Model，FE）模型对式（4-2）进行估计，以便同时控制餐厅固定效应和时间固定效应的影响。本章将 β_λ 的估计值进行可视化并展示在图 4-6 中的评论评级差异趋势图。X 轴是当前月份相对于第一个顾客回复的 λ 月的取值（$\lambda = -12$，-11，$\cdots$，-1，0，1，$\cdots$，11，12）。Y 轴代表了 β_λ 的估计值，实线代表了估计值，虚线代表了估计值的上下限。从图 4-6 中可以看出几个评论评级变化趋势，具体如图 4-6 所示。

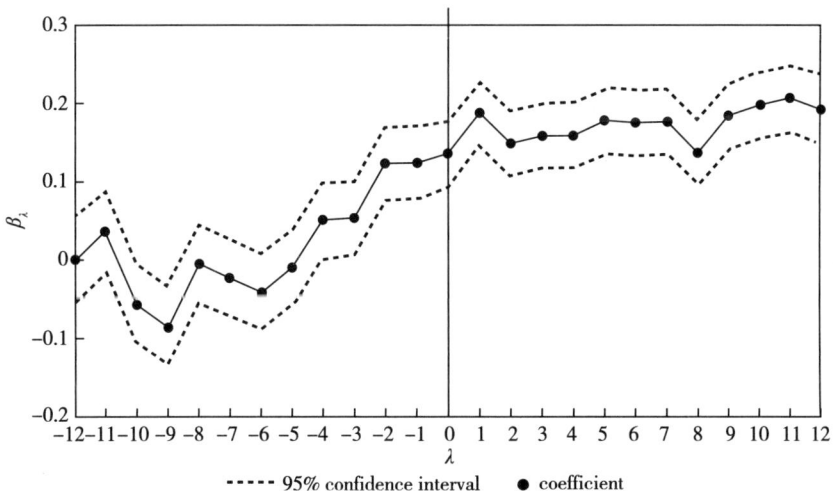

图 4-6　评论评级差异趋势

首先，在第一个顾客回复行为出现之前，实验组和对照组之间的评论评级存在显著差异。与对照组的评论评级相比，处理组的评论评级从第一个顾客回复之前的 4 个月（$\tau=-4$）开始显著增加，这表明本节的样本存在预处理趋势。也就是说，实验组餐厅的评论评级在顾客回复出现之前就有明显的上升。这种在政策之前因变量就存在显著变化趋势的现象，会使人联想到双重差分策略中常见的阿森费尔特沉降的预处理趋势[249]。因此，本章对该预处理趋势进行了修正以保证顾客回复的影响更为准确。

其次，虽然在第一个顾客回复之前评论评级存在差异，但在前 2/3 的时间段中（$\tau=[-4, -12]$），实验组和对照组的评级没有显著差异。这表明本节的样本虽然在政策实施前并不全部是平行发展的，但是修正了预处理趋势后是符合平行趋势发展的。因此本章的样本数据可以采用双重差分模型策略。

最后，本节还观察了变量处理后结果的评论评级变化趋势，这预示了本节的主要估计结果。在第一个顾客回复出现后，实验组的评级相对于对照组有显著增加。而且，实验组的评级一直保持着上升的趋势，在本节观察的一年的期间内持续上涨。

三、平台间识别策略的实证结果

在满足了平行趋势假设后，本节使用双重差分模型策略来探究顾客回复行为对后续顾客评论评级的因果影响。本节利用搜集的面板数据和固定模型来估计式（4-1），并在表 4-3 中报告了系数的估计值。根据表 4-3 中模型（1）的估计结果，$CR_i \times After_{it}$ 交互系数 β 估计值（coefficient = 0.135，$p<0.01$）是正向显著性的，这表明顾客回复行为对后续评级有积极影响，可以使实验组的餐厅平均每月提高 0.135 个星级。这表明了假设 3 是成立的。

在上一节的平行趋势检验中，本节发现样本存在预处理趋势。因此本节利用已有文献中常用的剔除阿森费尔特沉降的方法，即通过对称地排除了第一个顾客回复出现前后的样本来修该现象[26,157]。具体来说，本节分别排除了第一个顾客回复前后 1 个月和 4 个月的观测结果，并利用修正后的样本重复式（4-1）的估计。根据表 4-3 中模型（2）和模型（3）的估计值，可以看出，在剔除掉预处理趋势的内生性影响，顾客回复行为对于后续评级的影响依然是显著积极的。并且相对于未修正内生性影响之前的结果，顾客回复的影响有相应增加。这可能是由于阿森费尔特沉降的存在，导致顾客回复的影响被低估。在剔除掉内生性影响后，顾客回复行为会使后续顾客的评论评级增加 0.183 个星级。

表4-3　平台间识别策略的估计结果

变量	（1）	（2）	（3）
$CR_i \times After_{it}$	0.135***	0.145***	0.183***
CR_i	0.006	−0.004	−0.035***
$After_{it}$	−0.073***	−0.098***	−0.110***
$Cumvol_{i,t-1}$	0.000**	0.000***	0.000***
$Cumval_{i,t-1}$	0.029***	0.030***	0.031***
MR_P_{it}	0.007***	0.007***	0.008***
MR_N_{it}	−0.060***	−0.057***	−0.057***
餐厅固定效应	是	是	是
时间固定效应	是	是	是
阿森费尔特沉降		是	是
观测值	45506	38257	27259
R^2	0.230	0.227	0.235

注：因变量为餐厅 i 在 t 月的平均评级。在模型（2）中的观测值是剔除了第一个顾客回复前后 1 个月的数据（$\lambda = -1, 0, 1$）。在模型（3）中的观测值是剔除了第一个顾客回复前后 4 个月的数据（$\lambda = -4, -3, -2, -1, 0, 1, 2, 3, 4$）。*** 表示 $p<0.01$。

第五节　平台内识别策略的实证分析

一、变量定义

首先，本节的因变量是顾客的评级行为，用餐厅的评论评级表示（Review Ratings，R_{ijt}），代表了餐厅 i 在 t 时间范围内第 j 个评论的评级。

其次，本节的自变量为顾客回复的可见性（Observable Customer Responses，Obs_{ijt}），Obs_{ijt} 是一个0-1变量。1代表餐厅 i 的第 j 个评论在发布时可以观察到前一个评论中有顾客回复。0代表餐厅 i 的第 j 个评论在发布时不可以观察到前一个评论中有顾客回复。

此外，本节的调节变量为顾客回复行为的时效性。本节利用后续评论和顾客回复之间的时间差（Timeliness of Customer Responses，CR_T_{ijt}）来表示顾客回复的及时性。CR_T_{ijt} 衡量了后续 i 个评论和前一个第 $i-1$ 个初始评论的顾客回复的发布时间的差值。

最后，本节的控制变量较多。第一，本节利用餐厅 i 在 t 时间的当月平均评级（Monthly Mean Ratings，r_month_{ijt}）来控制餐厅在当月的服务质量对当月评级的影响。已有研究证明服务质量是影响后续顾客满意度最重要的因素[270,109]。第二，本节构建后续顾客发布评论 j 时观察到的评论第一页的平均评级（Average First Page Rating，r_first_{ijt}）来控制锚定效应对于评级的影响[158]。第三，本节还控制了评论的顺序和评论是时间对于评级的影响，计算了评论 j 之前的评论总数当作是评论 j 的顺序（Review Order，r_order_{ijt}）和餐厅 i 第一个评论的发布时间和评论 j 的发布的时间差当作评论 j 的评论时间（Review Time，r_time_{ijt}）。第四，考虑到已有研究中证明了在可见性策略中商家回复的可见性也会影响到后续顾客的评级[158,166]，本节构建了后续顾客在发布第 j 个评论时在前一个评论 $j-1$ 中是否观察到有商家回复（Observable Managerial Response，MR_obs_{ijt}）的虚拟变量来控制商家回复后续评级的影响。表4-4中列出了本节可见性识别策略使用的全部变量的描述。

表4-4 变量定义和描述

变量	描述
因变量	
R_{ijt}	代表了餐厅 i 在 t 时间范围内第 j 个评论的评级
自变量	
Obs_{ijt}	顾客在 t 时间餐厅 i 上发布第 j 个评论时是否能在前一个 $j-1$ 评论中观察到了顾客回复。可以观察到为1；否则为0

变量	描述
调节变量	
CR_T_{ijt}	顾客在发布第 j 个评论的时间与评论 j 中顾客回复的时间差值（单位：天）
控制变量	
r_month_{ijt}	代表了餐厅 j 的服务质量，即顾客在 t 时间发布第 j 个评论时餐厅 i 在当月的平均评级
r_order_{ijt}	代表了评论 i 的顺序，即顾客在 t 时间发布第 j 个评论时餐厅 i 中评论总数
r_time_{ijt}	代表了第 i 个评论的发布时间，即顾客在 t 时间餐厅 i 上发布第 j 个评论的时间与第一个评论的时间差（单位：天）
r_first_{ijt}	代表评论首页的平均评级，即顾客在 t 时间餐厅 i 上发布第 j 个评论时观察到的评论系统首页的平均评级
MR_obs_{ijt}	顾客在 t 时间餐厅 i 上发布第 j 个评论时是否能在前一个 $j-1$ 评论中看到商家回复。可以观察到为 1，否则为 0

二、顾客回复可见性影响的实证结果

基于上述构建的变量和可见性识别策略，本节使用以下回归模型来估计可见性顾客回复的影响：

$$R_{ijt} = \varphi Obs_{ijt} + \varphi_1 r_{month_{ijt}} + \varphi_2 r_{first_{jit}} + \varphi_3 r_{order_{ijt}} + \varphi_4 r_{time_{ijt}} + \varphi_5 MR\_obs_{ijt} + \alpha_i + \mu_t + \varepsilon_{it} \qquad (4\text{-}3)$$

其中，φ 的估计值是衡量顾客回复可见性对于后续评级的影响。α_i 控制了未被观察到的餐厅特定质量引起的固定效应影响，以缓解人们对评级变化是由餐厅之间的质量差异驱动的担忧。μ_t 控制了特定时间点对于评级影响的固定影响，从而降低了评论评级随时间变化的影响。本节利用大众点评上所有包含顾客回复的评论的样本和 FE 模型对式（4-3）进行估计。估计结果展示在表 4-5 模型（1）中，Obs_{ijt} 系数 φ 的估计值是显著积极的（coefficient = 0.019，$p < 0.01$）。这表明可见性顾客回复对于后续顾客评论评级有积极影响，也进一步证明了顾客回复行为的积极影响。具体来说，后续顾客在发布评论时如果观察到前一评论中包含顾客回复，其评论评级会提高 0.019 个评级。这证明了本章提出的假设 3 是成立的。

表 4-5　平台内识别策略的估计结果

变量	全样本	全样本	正面评论样本	负面评论样本	一星评论样本	二星评论样本	三星评论样本	四星评论样本	五星评论样本
	（1）	（2）	（3）	（4）	（5）	（6）	（7）	（8）	（9）
Obs_{ijt}	0.019***	0.013**	0.024***	-0.006	-0.070**	-0.002	0.0332*	0.022**	0.024***
$Obs_{ijt} \times$ CR_t_{ijt}		-0.002**							
CR_t_{jit}		-0.000*							
r_ave_{jit}	0.357***	0.347***	0.370***	0.535***	0.125**	-0.133*	0.214*	-0.271**	-0.265**
r_first_{jit}	0.460***	0.456***	0.457***	0.464***	0.534***	0.433***	0.404***	0.428***	0.478***
C_{jit}	0.000***	0.000***	0.000***	0.000***	0.000***	0.000***	0.000***	0.000***	0.000***
f_{jit}	-0.000***	-0.000***	-0.000***	-0.000***	-0.000***	-0.000***	-0.000***	-0.000***	-0.000***
MR_{jit}	-0.011*	-0.016*	-0.018***	0.021	0.055	0.058	-0.000	-0.021**	-0.013
观测值	131086	131086	107821	23265	7762	4260	11243	46079	61742
R^2	0.045	0.045	0.034	0.046	0.046	0.036	0.033	0.027	0.033

注：因变量为餐厅 i 在 t 时间范围内第 j 个评论的评级。＊表示 $p<0.1$；＊＊表示 $p<0.05$；＊＊＊表示 $p<0.01$。

　　本节的估计结果还可以证明除了第一个顾客回复行为，一般的顾客回复行为也会提高后续顾客的评论评级。而且本节的估计结果也与图 4-1 中的变化趋势相呼应。正是由于一般性的顾客回复也会影响后续评级，实验组餐厅的评论评级在第一个顾客回复出现一年后一直保持持续的增长。

三、顾客回复异质性影响的实证结果

（一）评论评级

　　考虑到已有研究表明初始评论的评级会影响后续评论评级[57]，本节进一步探讨了在不同初始评论评级的背景下，顾客回复对后续评论评级的影响是否一致。

　　本节首先将整个样本按照初始评论的效价分为正面评论和负面评论，其次利用不同子样本分别对式（4-3）进行估计。估计结果分别展示在表 4-5 的模型

（3）和模型（4）中。在正面初始评论的样本，顾客回复行为对于后续评级的影响是显著积极的（coefficient＝0.024，$p<0.01$）。而在初始负面评论样本中，顾客回复对于后续评级的影响是不显著（coefficient＝−0.006，$p>0.1$）。这表明顾客回复正面评论会提高后续顾客的评级，而顾客回复负面评论却并不能影响到后续顾客的评级行为。因此，本节的结果支持假设4，但不支持假设5。

为了进一步研究初始评论的评级对顾客回复效应的调节作用，本节按照初始评论评级的五个等级（1星到5星）对样本进行更细的划分。本节分别利用1星到5星的子样本重新对式（4-3）进行估计，并将结果展示在表4-5的模型（5）到模型（9）中。从结果可以看出，在初始评论效价为3星、4星和5星的子样本中，顾客回复对后续评级有显著正面的影响。在初始评论效价为1星的子样本中，顾客回复对后续评级有显著负面的影响。而在初始评论效价为1星的子样本中，顾客回复对后续评级没有显著影响的影响。

上述的估计结果，一方面证明了顾客回复正面评论会增加后续顾客的评级，另一方面证明了顾客回复极端负面评论时才会降低后续顾客的评级。估计结果也帮助本节解释了假设5不成立的原因。本节在划分积极和负面评论时，评级为3星的属于负面评论。在负面评论的样本中，同时存在正面影响的3星子样本和负面影响的一星子样本。因此，负面评论中的顾客回复的影响是不显著的。这种情况可能是由于正面和负面评论对评级的不对称影响。负面的评论环境会促使顾客更正他们的评论评级，而正面的评价环境会让顾客发布更多的正面评价[142]。因此，顾客回复负面评论可以增强后续顾客对服务质量的理解，但对后续评级没有显著影响。

（二）及时性

以上分析表明，顾客回复行为的可见性会影响后续顾客的评论评级。考虑到顾客回复可见性与评论时间相关，本节根据 Zhao 等（2020）提出的回复延迟的概念，推导和构建了顾客回复及时性的概念[158]，并探讨了及时性如何调节顾客回复可见性对后续评级的影响。构建以下模型来实现本节的调节变量影响估计：

$$R_{ijt}=\varphi Obs_{ijt}+\delta Obs_{jit}\times CR\_T_{iJt}+\delta_1 CR\_T_{iJt}+\varphi_1 r\_month_{ijt}+\varphi_2 r\_first_{jit}+\varphi_3 r\_order_{ijt}+$$
$$\varphi_4 r\_time_{ijt}+\varphi_5 MR\_obs_{ijt}+\alpha_i+\mu_t+\varepsilon_{it} \tag{4-4}$$

其中，CR_T_{ijt} 代表顾客回复及时性（即初始评论和评论 i 中顾客回复的发布时间的时间间隔）。式（4-4）中自变量、因变量和控制变量与式（4-3）相同。本节利用固定模型对式（4-4）进行估计，并在表4-5的模型（2）中展示了估计结果。可以看出，$Obs_{ijt} \times CR\_T_{ijt}$ 交互项的系数估计值（coefficient = -0.002，$p < 0.05$）是显著消极的。顾客回复越及时，CR_T_{ijt} 的值越小。因此估计系数为负数，这表明顾客回复的时效性是正向调节了其对后续评级的影响，支持了本章提出的假设6。

四、稳健性检验的实证结果

本节构建的可见性模型式（4-3）中的变量存在一个潜在的缺点，即构建的模型是基于后续顾客在发布评论时的观察情况，但是有一些变量是通过已有评论计算得到的。这些变量可能会导致序列相关的内生性问题[158]。因此，本节删除 r_first_{ijt} 和 r_month_{ijt} 变量，利用新的模型进行估计验证本节估计结果的稳健性。构建的模型如式（4-5）所示：

$$R_{ijt} = \beta Obs_{ijt} + \beta_1 r\_order_{ijt} + \beta_2 r\_time_{ijt} + \beta_3 MR\_obs_{ijt} + \alpha_{it} + \varepsilon_{it} \qquad (4-5)$$

本节使用餐厅-月份的固定效应 α_{it} 来控制餐厅质量的时变差异，而不是按页面或当月的平均评级控制质量差异。本节分别利用了全样本和几个子样本对式（4-5）进行估计，并将结果展示在表4-6中。具体而言，表4-6中几个样本的 Obs_{ijt} 的估计值都是与表4-5中 Obs_{ijt} 的估计值的显著性都是相同的。在全样本的估计结果中，顾客回复行为对后续顾客评论评级的影响仍然显著积极的（coefficient = 0.034，$p < 0.01$）。从本节估计结果可以看出，在控制序列相关性后，顾客回复行为对后续顾客评论评级的影响仍然不变。因此，本章的实证结果是可靠的。

表 4-6　稳健性检验的实证结果

变量	全样本	全样本	正面评论样本	负面评论样本	一星评论样本	二星评论样本	三星评论样本	四星评论样本
	（1）	（2）	（3）	（4）	（5）	（6）	（7）	（8）
Obs_{ijt}	0.034***	0.041***	0.011	−0.053*	0.016	0.047**	0.034***	0.044***
C_{jit}	0.000***	0.000***	0.000***	0.000***	0.000***	0.000***	0.000***	0.000***

续表

变量	全样本	全样本	正面评论样本	负面评论样本	一星评论样本	二星评论样本	三星评论样本	四星评论样本
	（1）	（2）	（3）	（4）	（5）	（6）	（7）	（8）
f_{jit}	-0.000***	-0.000***	-0.000***	-0.000**	-0.000	-0.000**	-0.000***	-0.000***
MR_{jit}	-0.019***	-0.025***	0.028*	0.064*	0.074*	0.011	-0.027***	-0.018**
观测值	131086	107821	23265	7762	4260	11243	46079	61742
R^2	0.004	0.004	0.007	0.008	0.007	0.007	0.004	0.004

注：因变量为餐厅 i 在 t 时间范围内第 j 个评论的评级。* 表示 $p<0.1$；** 表示 $p<0.05$；*** 表示 $p<0.01$。

第六节　研究结果

基于社交技术的优势，电商平台允许其他顾客通过回复初始评论进行顾客间互动的现象变得越发常见。顾客回复行为增加了在线评论系统的复杂性，并改变了顾客的在线评论行为。本章研究探讨了顾客回复对后续顾客评论评级的影响，发现顾客回复会增加后续顾客的社会压力，并引发其亲社会行为，进而提高评论评级。本章的具体研究结果如下：

首先，本章使用双重差分模型策略，探究了顾客回复行为对后续顾客评论评级的影响。研究结果表明，顾客回复行为对后续顾客的评级有积极影响。在获得第一个顾客回复后，餐厅的评论评级平均每月增加约 0.183 颗星，并且这种增长至少持续了 1 年。

其次，本章利用平台内可见性识别策略研究了顾客回复行为对后续评论评级影响。本章把可见性当作顾客回复影响后续评论评级的边界条件，证明了不仅第一个顾客回复行为会影响评论评级，一般性的顾客回复行为也会影响评论评级。结果表明，只有顾客回复被后续顾客观察到，才会对评论评级产生显著的积极影响。这也验证了本章基于社会压力理论的假设，当后续顾客观察顾客间互动时，他们才会感受到社会压力，并选择亲社会行为。

最后，本章利用平台内可见性识别策略分析初始评论评级和顾客回复时效性的调节作用。结果表明，顾客回复正面评论和中性评论对后续评级有积极影响，而顾客回复极端负面评级对后续评级有负向影响。而且，本章还证明了顾客回复的及时性负向调节了顾客回复对后续评级的积极影响，顾客回复得越及时，对后续评论评级的影响就越大。

本章小结

本章探究了在线评论中顾客回复行为对后续顾客评级行为的影响，分别利用了双重差分模型策略和可见性识别策略分析顾客回复行为是否以及如何影响评论评级。首先，本章利用平台间数据和双重差分模型策略探究顾客回复行为对于后续顾客评论评级的影响，研究发现，餐厅评论收到第一个顾客回复后，评论评级会有显著且持续的上涨。其次，本章使用平台内识别策略，以顾客回复可见性作为处理条件，进一步探索顾客回复行为的影响。利用平台内数据和可见性识别策略进一步验证了顾客回复行为的影响以及评级和时效性的调节作用，研究结果表明，顾客回复行为通过可见性的边界条件影响后续顾客的评级行为，即只有当顾客回复行为被后续顾客观察到才会提高其评级。而且，初始评论的评级和顾客回复的及时性会调节顾客回复对于后续评级的影响。最后，本章还进行了稳健性检验。总体来说，本章的研究结果更深入地了解了在线顾客间互动对于顾客评论行为的影响，并为下一章深入探究顾客回复内容的影响奠定了基础。

第五章　基于在线评论的顾客回复情感对评论评级的影响

在第三章和第四章研究的基础上，本书已经明确了基于在线评论中的顾客间互动会影响到后续顾客的评论行为。但是第三章和第四章只探究了在线评论中顾客回复行为对于后续顾客评论行为的影响，而没有深入探究顾客回复内容的影响。因此，本章进一步探究顾客回复内容的影响，来加深其影响的了解。考虑到情感是评论内容的重要维度，本章以顾客回复情感为研究对象，探究了在线评论中顾客间互动内容的影响。

在第三章和第四章中，本书利用评论数量和评论评级作为衡量顾客回复影响的指标。本章计划延续已有研究，继续选取评论数量和评论评级作为因变量。然而，在研究过程中，本章发现如果选取评论数量作为因变量，需要整合一定时间段内的全部顾客评论行为。这会导致在该时间段内出现多个顾客回复，而无法将这多个顾客回复内容与该时间段整合的单一评论数量完成匹配。因此，本章只选择了评论评级作为因变量。

第一节　研究问题

随着顾客在线社交性的加强，顾客回复功能在各个平台逐渐应用，并且被顾客广泛使用。顾客回复不仅增加了顾客间互动的渠道，而且丰富了评论信息。已有研究表明，顾客在阅读评论时，会同时关注初始评论和评论回复[21,22,176,180]。评论回复的内容会影响顾客对于评论有用性和服务满意度的感知[23,166,178]。因此，本章认为后续顾客在阅读评论时，其情感和认知也会被顾客回复所影响。考虑到其他顾客在回复初始评论时，其回复内容的情感往往不受初始评论情感的影响，这会产生顾客回复和初始评论情感不一致的评论（简称顾客回复情感不一致）。

目前，已有文献探究了在线评论的情感不一致对顾客的影响。一方面，学者们关注了初始评论情感不一致的影响。例如，石文华等（2018）认为初始评论之间情感的不一致会提高顾客的购买意愿和评论感知有用性[176]。Akhtar 等（2019）证明了初始评论文本中同时包含两种不同的情感会引发顾客的不适感，进而使顾客对商家的服务评价和使用意图产生了负面影响[240]。Guo 等（2022）研究发现专家评论和普通评论的情感保持一致能提高顾客的购买率[271]。Purnawirawan 等（2012）认为情感不一致的评论的呈现顺序对顾客的感知和产品态度也会造成影响[272]。另一方面，还有学者分析了初始评论和追加评论情感不一致的影响。例如，孙锐和李星星（2017）认为追加评论与初始评论的情感不一致性会引发顾客的矛盾性认知，降低顾客的购买意愿[177]。王翠翠和高慧（2018）的研究认为，相对于初始评论，追加评论与初始评论情感不一致性更能提高顾客的感知有用性[179]。王彦博等（2020）关注了顾客回复的影响，认为顾客回复与初始评论的情感不一致，可以提高顾客态度和购买意向的一致性，降低顾客的决策困难[183]。

根据上述研究可以看出，情感不一致的在线评论会影响顾客的情感和满意度。但是，目前还没有学者研究顾客回复情感不一致的影响。本章选取了评论评级作为衡量顾客回复的指标。评论评级不仅能衡量顾客的服务满意度[59]，还会直接影响企业的绩效和服务质量[58,90,160]。评论评级会受到顾客服务体验和已有评论内容的共同影响[139,147,148,151,259]，其中包括评论回复[22,157,158]。基于上述的分析，本章提出的研究问题为：顾客回复的情感不一致如何影响后续顾客的评论评级。顾客回复和初始评论情感分类如图 5-1 所示。

顾客回复情感（正）

负面情感不一致　　　　　　正面情感一致

情感不一致　　　　　情感一致

初始评论情感（负）　────────────────→　初始评论情感（正）

情感一致　　　　　情感不一致

负面情感一致　　　　　　正面情感不一致

顾客回复情感（负）

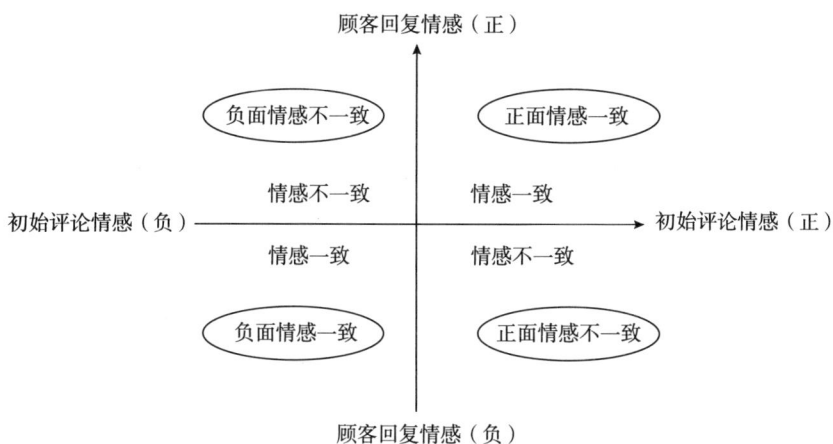

图 5-1　顾客回复和初始评论情感分类

第二节　研究假设

一、顾客回复情感不一致对评论评级的影响

一致性理论认为，当一个意见来源赞扬或贬损某个对象时，接收者对该对象的态度会发生变化[234]。根据 Walther 等（2012）提出的一致性理论的两阶段模型[236]，两种信息来源会对顾客的态度造成两次一致性认知。在第一阶段，顾客接收到第一种信息来源，会激活一致性认知并形成对对象态度的第一阶段变化。在第二阶段，顾客将第一阶段产生的态度作为初始的认知，然后通过对比第二阶段的信息来源激活第二次的一致性认知。如果两个阶段的情感一致，则会加强顾客对于该对象的积极或消极态度。反之，两个阶段的情感不一致，顾客则会产生矛盾和冲突的心态[273]。

已有研究从两个角度探究评论的情感不一致性的影响。一方面，学者研究了整体评论系统中评级分散导致的情感不一致的影响[218]。例如，当顾客同时看到正面评价和负面评价时，他们往往对服务和产品的质量的评估感觉到矛盾[237]，以及形成不确定的购买意愿[274]。这种不确定的感觉可能会导致决策过程中的矛盾感和心理不适[238]。另一方面，学者研究了单一评论中同时存在正面和负面情感的现象，包括初始评论文本包含矛盾情感的情况，或者是初始评论和追加评论之间存在情感矛盾性的情况。这种情感不一致性也会增加顾客的矛盾心理，降低顾客的购买意愿[177,180]。由此可见，无论是同一评论包含不一致性情感还是多个评论之间的情感不一致性，都会增加顾客的矛盾认知和怀疑态度。

根据一致性理论的两阶段模型，当后续顾客观察到初始评论和顾客回复，会对这两种信息进行比较后形成对服务或产品的新认知和情感。顾客做出评论评级决策时往往面临众多的影响，这一复杂的决策过程会受到多重因素的共同影响[275]。初始评论和顾客回复是两种不同的信息来源，会共同作用影响后续顾客对于服务或产品的态度[276]，进而影响评论评级。本章把初始评论分为正面评论和负面评论，顾客回复的情感分为正面情感和负面情感。

初始评论和顾客回复的情感对后续顾客的影响具体过程如下：首先，当后续顾客看到正面或负面评论时，会对产品或服务产生正面或负面的态度。其次，后续顾客会观察顾客回复的情感。一方面，如果顾客回复与初始评论的情感一致，则会加强对企业产生的态度。也就是说，当顾客回复与初始评论都为正面情感，后续顾客最终形成对产品或服务的情感是一种正面态度；当顾客回复与初始评论都为负面情感，后续顾客最终形成的是一种负面态度。另一方面，如果顾客回复与初始评论之间的情感不一致，则会给后续顾客带来矛盾感和冲突感。情感相互矛盾的评论会导致顾客在阅读评论时产生消极的或不确定的态度[277,278]。已有的研究将感觉不适定义为不安、不舒服和紧张的负面感觉[279]。类似地，舒适度被定义为"个体在心理和生理上感受轻松、满足和幸福的程度"[280]。态度矛盾与感觉不适感呈正相关[238,274]，矛盾态度和认知也会降低顾客的满意度[45]。因此，本章认为当后续顾客看到顾客回复和初始评论的情感不一致时，会使其产生矛盾性态度，进而降低对企业服务的满意度。已有研究表明，顾客情绪越积极，其评论评级也越高，负面情绪的顾客会传播负面评论[281]。基于此，本章提出以下假设：

假设7（a）：顾客回复与初始评论都为正面情感会提高后续顾客的评论评级。

假设 7（b）：顾客回复与初始评论都为负面情感会降低后续顾客的评论评级。

假设 7（c）：顾客回复与初始评论的情感不一致会降低后续顾客的评论评级。

二、已有评论评级方差的调节作用

大部分电商平台的在线评论系统，除了显示单个在线评论内容和评论评级，还会展示汇总的评论信息，包括评论数量和评论评级的分布情况。在线评论的评级方差，反映了在线评论的评级分散程度和差异[282]。评级方差会影响顾客的情感和认知[241,283]。已有评论信息中的评级方差越大，代表了已消费顾客之间的意见分歧越大，后续顾客感知到的服务质量不确定也越大[284]。当顾客的感知不确定性较大时，需要诊断信息帮助他们将服务质量归类到一个认知类别的信息[285]。已有研究认为，极端感情的信息通常比适度感情的信息更具诊断意义[10]，对顾客的行为和认知有明确的影响[143,286]。考虑到评级方差较大会降低了消费者对服务质量的信心[287]，本章认为当已有评论的评级方差较大时，顾客更希望阅读到顾客回复和初始评论情感一致的评论，以此降低感知不确定性和提高对企业服务质量的信息。因此，本章认为评级方差较大，顾客回复和初始评论情感一致对后续顾客的评级影响也越大。基于此，本章提出以下假设：

假设 8：评级方差正向调节了顾客回复情感一致对后续顾客评论评级的积极影响。

三、顾客回复时效性的调节作用

除了评级和评论文本外，评论发布时间也是评论信息的一个重要维度，评论的及时性会影响顾客对于评论的有用性感知和购买决策[288]。已有文献不仅关注到了评论的发布时间的影响，还进一步探究了评论与评论回复的时间间隔对于顾客的影响。王翠翠和高慧（2018）追加评论与初始评论的时间间隔越大，后续顾客感知评论有用性越强，而且时间间隔会调节追加评论与初始评论的情感不一致对于顾客的影响[179]。Wang 和 Chaudhry（2018）研究认为，商家回复和初始评论的时间间隔会负向调节商家回复对于后续顾客评论行为的影响[158]。

因此，本章认为顾客回复的发布时间也会影响后续顾客对于顾客回复情感不一致的感知，并进一步影响其评级行为。本章把顾客回复与后续评论之间的时间距离看作是后续顾客感知顾客回复的时效性，并考虑了时效性对于顾客回复的情感不一性对于影响后续评级的调节作用。由于评论信息的最新性质，顾客倾向于关注最近的评论信息[177]。尤其是当顾客在做出近期决策时，近期的评论信息更有帮助性[267]。因此，本章认为顾客回复的评论和后续评级之间的时间距离越大，顾客回复的情感不一致性评论对于后续评级的影响也就越小，并提出以下假设：

假设9：顾客回复的时效性负向调节了顾客回复情感不一致对后续顾客评论评级的积极影响。

四、餐厅等级的调节作用

餐厅的等级是指餐厅在餐厅层级中的地位，可以根据整体服务质量从低到高划分类别。探究在不同等级餐厅背景下，不同评论的不同影响有助于提高企业服务质量。这是由于不同等级的企业有不同的目标顾客群，不同群体的顾客有不同的目的[289]，对于评论信息的关注和评价标准也是不同的[100]。例如，高档酒店的顾客在评论中更关注体验功能，而低档酒店的顾客更多地讨论便利和价值，有价格线索的评论在低档酒店对顾客更有帮助性[290]。高评级的评论对高档酒店的绩效更有影响，评论数量对于低档酒店更有影响[291]。高等级餐厅的顾客更关心优质的质量和服务细节，而低等级餐厅的顾客由于预算有限，他们关注的是物有所值的体验。此外，不同等级的企业背景下，除了评论评级和文本信息，评论的回复信息对顾客也有不同的影响。高档酒店的顾客更在意个性化的商家回复[175]，并且及时的商家回复会提高顾客的满意度[166]。

因此，本章认为在不同等级餐厅的背景下，后续顾客对于顾客回复的情感不一致的感知不同，这又会影响到他们的评级行为。鉴于以往关于不同等级的餐厅的研究较少，本章提出以下假设：

假设10：不同等级餐厅的背景下，顾客回复情感不一致对于后续顾客评级行为的影响不同。

第三节　实证数据和变量

一、数据搜集和处理

本章的研究数据继续取自大众点评网站。本章的信息获取分为以下三个步骤：第一，本章爬取了北京地区所有餐厅的主页信息，包括餐厅名称、地址、分类、人均消费、整体评级、评论总数，以及 URL。本章分析了北京地区餐厅的整体情况，为了确保搜集到的餐厅尽可能地都有顾客回复的存在，本章选择了评论总数大于 100 条的餐厅进行了具体评论内容的爬取，一共获取了 169358 条餐厅的信息，其中评论超过 100 条的餐厅有 1889 家。第二，本章根据餐厅的 URL 获取每家餐厅的评论信息，包括评论者、评论时间、评论的效价、评论的内容、商家回复的时间、商家回复的内容、是否有顾客回复、顾客回复的数量、顾客回复的信息的 URL。本章一共获取了 1831 家餐厅的 1289686 条评论，获取到的评论最早发布于 2004 年 9 月，最晚发布于 2021 年 12 月。第三，本章根据获取到的顾客回复的链接，爬取每个评论下方具体的顾客回复的内容、时间和个人身份。其中有 130893 条评论包含顾客回复，本章一共获取了 449970 条顾客回复。此外，为了保证本章数据集的准确性和可靠性，本章随机选择抓取数据的几条评论信息和顾客回复，并将其与大众点评网页上的原始信息进行比较，确认检索到的数据集与原始信息完全相同。

本章利用中文文本情感处理（Simplified Chinese Text Processing，SnowNLP）对顾客回复的情感进行判断，将其分为正面和负面两种情感。SnowNLP 是基于中文语境的情感分析方法，情感辞典是基于在线商品的评论数据。SnowNLP 方法的应用场景和本章研究的背景较为匹配，因此本章利用 SnowNLP 方法计算了每个顾客回复的情感值（Sentiment of Customer Responses，CR_SEN_{ijt}）。利用 SnowNLP 判断顾客回复的情感值的过程具体为以下几个步骤：第一步，读取已经分类好的正面情感文本和负面情感文本。第二步，对顾客回复的每个句子进行分词、并去除停用词，并计算每个词出现的频数。第三步，通过贝叶斯原理对每个分词进行分类判断，并计算顾客回复的内容正面情感的概率。图 5-2 展示了 SnowNLP 的步骤。

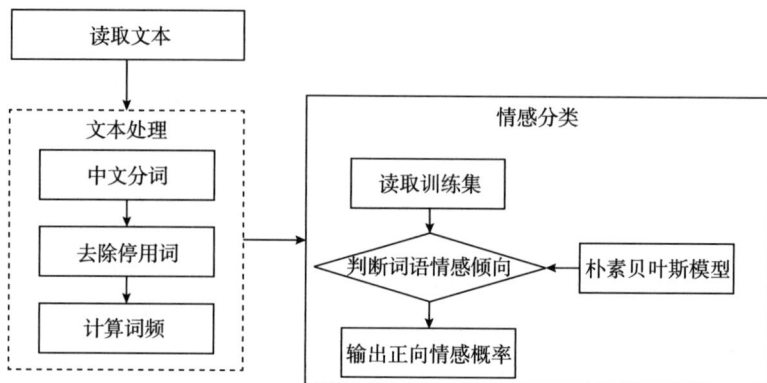

图 5-2　SnowNLP 的情感分类步骤

SnowNLP 计算的情感值分布在 0 到 1，分数越接近 0，表示该顾客回复的内容越是偏向负面情感，分数越接近 1，表示该顾客回复的内容越是偏向正面情感。本章把情感值大于 0.65 的分为正面情感，小于 0.35 归为负面情感，其余的为中性情感。通过标注的顾客回复内容的情感值，本章发现中性情感的顾客回复，情感倾向不明显，甚至并不包含表达情感的词汇。考虑到本章的自变量是顾客回复的情感和初始评论情感之间的一致，因此本章在数据中剔除了中性情感顾客回复，只保留积极情感和消极情感的顾客回复。表 5-1 中展示了利用 SnowNLP 计算的顾客回复的情感值的例子。

表 5-1　展示了利用 SnowNLP 计算的顾客回复的情感值

顾客回复的内容	情感值
龙虾寿司看起来好棒	0.998
菜品好漂亮，但人看起来更美	0.993
看起来不错哇	0.991
评论大开眼界	0.484
看了，但没完全看	0.474

续表

顾客回复的内容	情感值
好多用户都挺客观的	0.460
交个朋友	0.448
还有美味的火锅面可惜涨价了	0.282
哎，关键是都吃差不多了看到这一幕就好比吃到最后吃出一只苍蝇一样恶心	0.198
这个××（某账号），专门收钱给人家点评，他的话太不可信了	0.020
我也是被评分骗了，优质点评里根本看不到差评	0.002

二、变量定义和构建

首先，本章使用的因变量为评论评级（Rating，R_{ijt}），代表了餐厅 i 在 t 时间范围内第 j 个评论的评级。当顾客在大众点评上发布评论的时候，会要求顾客对餐厅的服务满意度进行打分，最高为 5 星，最低为 0.5 星。由于大众点评早期的平台机制，在 2009 年以前的评论不显示评级，因此，本章删除了 2009 年以前的评论信息。

其次，本书的自变量为四种顾客回复和初始评论的情感类别，分为正面评论获得了正面情感的顾客回复（简称正面情感一致，P_P_{ijt}），正面评论获得了负面情感的顾客回复（简称正面情感不一致，P_N_{ijt}），负面评论获得了正面情感的顾客回复（简称负面情感不一致，N_P_{ijt}），负面评论获得了负面情感的顾客回复（简称负面情感一致，N_N_{ijt}）。初始评论包含评论评级，可以直接划分正面和负面情感。而顾客回复的内容是没有评级或者具体的情感值。大众点评网站只允许其他顾客对初始评论回复内容，而不允许打分。

再次，本章的调节变量有两个。第一个是顾客回复情感不一致性的时效性，通过计算后续评论和顾客回复之间的时间差（Timeliness of Customer Responses，CR_TIME_{ijt}），该变量测量了第 $j-1$ 个初始评论的顾客回复的回复时间和第 i 个评论的发布时间的差值。第二个调节变量为评论方差（Rating Variance，r_var_{ijt}），该变量测量了评论 j 之前的所有评论评级的标准差。

最后，本章的控制变量有三个方面的考虑。第一，控制了餐厅的质量。服务质量是影响后续顾客满意度最重要的因素[270,109]。本章利用餐厅 i 在 t 时间的当月平均评级（Monthly Mean Ratings，r_month_{ijt}）当作是餐厅本月的服务质量。第二，控制了已有评论对于后续评级的影响。已有研究证明评论的顺序（Review Order，r_order_{ijt}）和时间（Review Time，r_time_{ijt}）都会影响到后续的评级[193]，例如有学者认为早期发布的评论比近期的评级更高[56]。本章利用在餐厅 i 中第 j 评论之前的评论数当作是评论 i 的顺序，餐厅 i 第一个评论的发布时间和评论 j 的发布的时间差来计算评论时间对后续评级的影响。此外，控制变量中还包含了已有评论的评级均值和方差。评级均值（Mean Ratings，r_mean_{ijt}）是根据餐厅 i 中第 j 个评论之前所有评论的平均评级计算得到的。评级方差（r_var_{ijt}）是衡量了餐厅 i 中第 j 个评论之前所有评级的标准差。第三，基于可见性策略的识别原理，本章还考虑到了后续顾客发布评论 i 时观察到的首页平均评级和是否有商家回复。已有研究认为，商家回复会提高后续顾客的评级[157]，因此本章控制了商家回复对于后续评级的影响。本章利用可观察到的商家回复（Observable Managerial Response，MR_obs_{ijt}）来表示商家回复的影响，该变量代表了后续顾客在发布第 j 个评论时在第 $j-1$ 个评论中是否观察到有商家回复。首页平均评级（Average First Page Rating，r_first_{ijt}）衡量了后续顾客在发布餐厅 i 第 j 个评论时观察到的评论系统首页的平均评级，该变量考虑了后续顾客观察评论过程中的锚定效应。表5-2列出了本章使用到的变量定义。

表5-2　变量定义

变量	描述
因变量	
R_{ijt}	代表了餐厅 i 在 t 时间范围内第 j 个评论的评级
自变量	
P_P_{ijt}	顾客在 t 时间餐厅 i 上发布第 j 个评论时是否能在前一个评论中观察到了正面情感一致，可以看到为1，否则为0
P_N_{ijt}	顾客在 t 时间餐厅 i 上发布第 j 个评论时是否能在前一个评论中观察到了正面情感不一致，可以看到为1，否则为0
N_P_{ijt}	顾客在 t 时间餐厅 i 上发布第 j 个评论时是否能在前一个评论中观察到了负面情感一致，可以看到为1，否则为0
N_N_{ijt}	顾客在 t 时间餐厅 i 上发布第 j 个评论时是否能在前一个评论中观察到了负面情感不一致，可以看到为1，否则为0

变量	描述
调节变量	
r_var_{ijt}	顾客在 t 时间发布第 j 个评论之前餐厅 i 所有评论评级的标准差
CR_TIME_{ijt}	顾客在发布第 j 个评论的时间与前一个评论 j-1 中的顾客回复的发布时间的差值（单位：天）
控制变量	
r_month_{ijt}	代表了餐厅 i 的服务质量，即顾客在 t 时间发布第 j 个评论时餐厅 j 在当月的平均评级
r_order_{ijt}	代表了评论 j 的顺序，即顾客在 t 时间发布的第 j 个评论后餐厅 i 中评论总数
r_time_{ijt}	代表了第 j 个评论的发布时间，即顾客在 t 时间餐厅 i 上发布第 j 个评论的时间与第一评论的时间差（单位：天）
r_mean_{ijt}	代表了第 j 个评论之前所有评论的平均评级
r_first_{ijt}	代表评论首页的平均评级，即顾客在 t 时间餐厅 i 上发布第 j 个评论时观察到的评论系统首页的平均评级
MR_obs_{ijt}	顾客在 t 时间餐厅 i 上发布第 j 个评论时是否能在前一个评论中看到商家回复，可以看到为 1，否则为 0

三、描述性统计

本章样本的汇总统计数据如表 5-3 所示。初始评论的评级（R_{ijt}）平均值为 4.33，顾客回复的情感值（CR_SEN_{ijt}）的均值为 0.56。这表明顾客的整体满意度较高，而且顾客回复的内容多为正面情感。正面情感的顾客回复（CR_POS_{ijt}）和负面情感的顾客回复（CR_NEG_{ijt}）的数量均值分别是 0.02 和 0.01，这说明包含正面情感顾客回复的初始评论占总评论的 2%，而包含负面情感顾客回复的初始评论的比例为 1%。通过对比 P_P_{ijt}、P_N_{ijt}、N_P_{ijt}、N_N_{ijt} 的均值可以看出，正面情感一致性的评论比例最多。CR_TIME_{ijt} 的方差是 143.91，最小值是 -4277，最大值是 673。这表明后续评论和顾客回复之间的发布时间的跨度和差异较大。此外，本章统计了顾客回复和初始评论之间的时间差（$CR\_R\_TIME_{ijt}$）的均值为 29，说明初始评论发布了平均一个月之后，才会获得第一个顾客回复。本章汇总了每个初始评论获得的顾客回复的数量（The Number of Customer Response，CR_NUM_{ijt}），发现获取的数据中单个初始评论下方最多进行了 871 次互动，平均会获得 3.44 个互动次数。

表 5-3 汇总统计数据

变量	均值	方差	最小值	最大值	观察值
R_{ijt}	4.330	0.970	0.500	5.000	972872
CR_POS_{ijt}	0.020	0.150	0.000	1.000	972872
CR_NEG_{ijt}	0.010	0.110	0.000	1.000	972872
P_P_{ijt}	0.020	0.140	0.000	1.000.000	972872
P_N_{ijt}	0.010	0.800	0.000	1.000	972872
N_P_{ijt}	0.000	0.050	0.000	1.000	972872
N_N_{ijt}	0.000	0.060	0.000	1.000	972872
CR_TIME_{ijt}	−27.000	143.910	−4277.000	673.000	130892
r_var_{ijt}	0.900	0.230	0.000	2.000	972872
r_month_{ijt}	4.330	0.520	0.500	5.000	972872
r_order_{ijt}	2234.210	4317.630	1.000	35572.000	972872
r_time_{ijt}	1056.920	1189.450	0.000	6274.000	972872
r_mean_{ijt}	4.250	0.500	0.000	5.000	972872
r_first_{ijt}	4.330	0.400	0.000	5.000	972872
MR_obs_{ijt}	0.040	0.190	0.000	1.000	972872
CR_SEN_{ijt}	0.560	0.250	0.000	1.000	130892
CR_NUM_{ijt}	3.440	11.370	1.000	871.000	130892
$CR\_R\_TIME_{ijt}$	29.000	144.110	0.000	4300.000	130892

本章在表 5-4 中根据时间顺序汇总了样本情况。首先，本章统计了评论总数（Review Number，R_num_{ijt}）的时间趋势，发现 R_num_{ijt} 先随时间增长并在 2019 年到达顶峰，随后开始下降。其次，根据包含顾客回复的评论数量（Number of Customer Responses，$R\_CR\_num_{ijt}$）和 CR_NUM_{ijt} 也是逐年增长的趋势，并在

2019 年到达数量顶峰后出现下降趋势。这表明顾客间互动的频率开始下降。最后，本章还计算了含有顾客回复的评论占总评论的比例（Ration of Customer Responses，CR_ratio_{ijt}），发现顾客回复的比例呈现两头高中间低的"U"型时间趋势，这可能是因为早期评论数少导致的其比例较大，而随着顾客习惯基于评论进行互动和沟通后，比例随时间逐渐上升。

表 5-4 基于时间的汇总数据

年份	R_num_{ijt}	$R\_CR\_num_{ijt}$	CR_NUM_{ijt}	CR_ratio_{ijt}
2009	540	103	412	0.760
2010	3009	452	1598	0.530
2011	2850	268	576	0.200
2012	3159	253	466	0.150
2013	5740	526	839	0.150
2014	14340	1172	1845	0.130
2015	34070	2499	3943	0.120
2016	57265	6590	13490	0.240
2017	87584	8559	19377	0.220
2018	157509	13464	44252	0.280
2019	292094	46125	184602	0.630
2020	196468	36374	134137	0.680
2021	118196	14507	44398	0.380

根据图 5-3 展示的评论平均评级的时间趋势可以看出，大众点评上餐厅的评级随年份增长，在 2019 年口碑达到最高点，随后开始有所下降。本章在图 5-4 中展示了顾客回复情感的四种情况的数量。从图 5-4 中可知，正面情感一致的评论数量最多，负面情感不一致的评论数量最少。而且顾客回复内容大多是正面情感，负面情感的顾客回复较少。

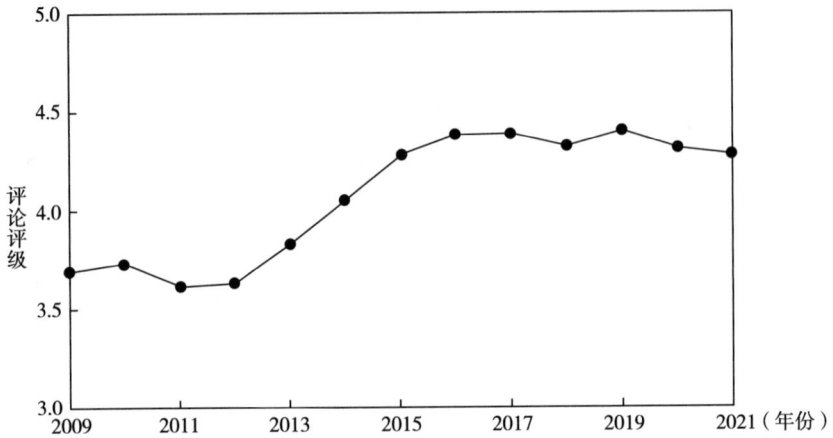

图 5-3　平均评级的时间趋势

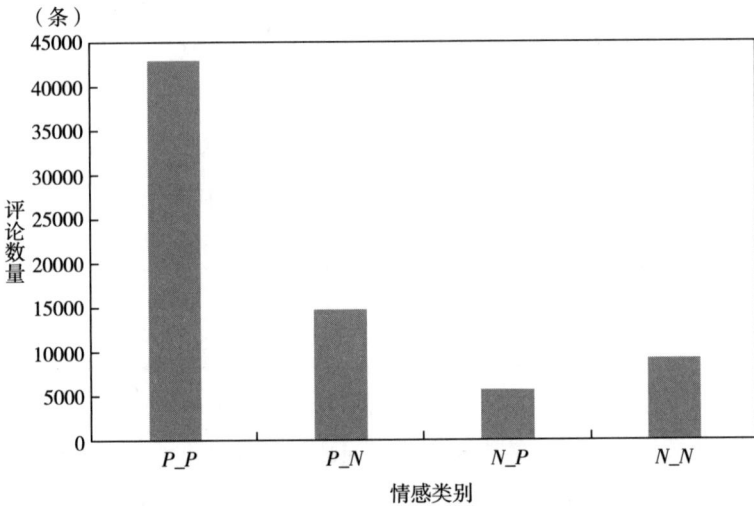

图 5-4　顾客回复情感的评论数量

第四节　实证分析和结果

一、识别策略

为了识别顾客回复的情感和顾客回复的情感不一致性对于后续顾客评级的外部影响，本章采取了第四章提出的一种识别因果的可见性识别策略：后续顾客在发布评论的时候，顾客回复的可见性就是顾客回复影响后续顾客评级的边界条件。

顾客回复行为的影响=顾客回复行为可见性的影响=E［后续顾客的评论评级｜可见的顾客回复行为］-E［后续顾客的评论评级｜不可见的顾客回复行为］

具体来说，本章的研究利用了前一个评论中顾客回复的可见性来探究已有评论中的情感（包含顾客回复的情感和初始评论的情感）对于后续评论评级的影响。本章利用了后续评论和顾客回复的评论时间差来区分后续顾客在写评论时是否可以观察到已有评论中的顾客回复，以此来评估顾客回复情感，以及顾客回复的情感不一致对后续顾客评级的影响。本章在图 5-5 中利用时间示意图和视觉图展示了本章的识别策略。与第四章可见性识别策略的不同点在于，本章的控制组增加了一个场景，如图 5-5 中的场景 3。同时考虑到可见性识别策略，本章的初始检验样本中排除掉包含多个顾客回复的初始评论，以帮助本章更好地衡量顾客回复情感的影响。

二、顾客回复情感不一致影响的实证结果

本章采用面板数据和固定效应模型来检验顾客回复情感的影响。本章利用面板数据控制餐厅的固定效应，可以控制后续评论评级因餐厅不随时间变化的质量而发生的变化。基于上一节提出的识别策略和样本数据，本章构建了 P_P_{ijt}、P_N_{ijt}、N_P_{ijt} 和 N_N_{ijt} 变量，并提出了以下模型来识别顾客回复情感不一致对于后续顾客评论评级的影响：

$$R_{ijt} = \gamma_1 P\_P_{ijt} + \gamma_2 P\_N_{ijt} + \gamma_3 N\_P_{ijt} + \gamma_4 N\_N_{ijt} + \alpha_1 r\_month_{ijt} + \alpha_2 r\_time_{ijt} +$$
$$\alpha_3 r\_order_{ijt} + \alpha_4 r\_first_{ijt} + \alpha_5 r\_mean_{ijt} + \alpha_6 MR\_obs_{ijt} + \alpha_7 r\_var_{ijt} + \mu_j + \varepsilon_{jt} \quad (5-1)$$

场景1:
可见的顾客回复

评论1
（初始评论1）

顾客回复评论1

评论2
（后续顾客发布的
初始评论2）

→ 时间

场景2:
不可见的顾客回复

评论1
（初始评论1）

评论2
（后续顾客发布的
初始评论2）

顾客回复评论1

→ 时间

场景3:
不可见的顾客回复

评论1
（初始评论1）

评论2
（后续顾客发布的
初始评论2）

→ 时间

（a）时间轴示意图

场景1:
可见的顾客回复

第一页

评论1

顾客回复评论1

评论2

评论15

场景2和场景3:
不可见的顾客回复

第一页

评论1

评论2

评论15

（b）可视化示意图

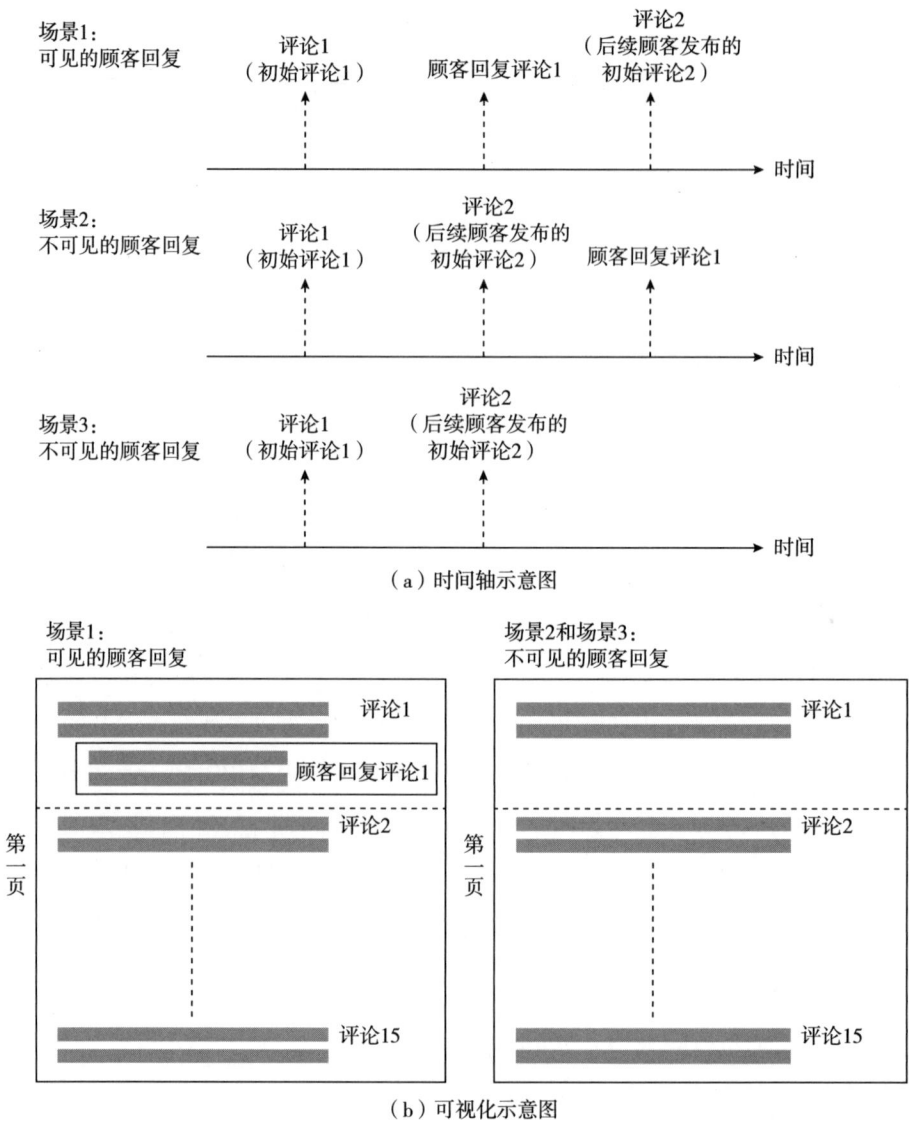

图 5-5　可见性识别策略

　　其中，j 代表餐厅（$j=1$，$\cdots$，J），t 代日期（$t=1$，$\cdots$，T），μ_j 代表餐厅固定效应，ε_{jt} 代表估计中的标准偏误。本章利用最小二乘法来估计式（5-1）并把结果展示在表 5-5 中的模型（1）。可以看出，P_N_{ijt}（coefficient $=-0.0283$，$p<0.1$），N_P_{ijt}（coefficient $=-0.0931$，$p<0.05$）和 N_N_{ijt}（coefficient $=-0.0283$，

$p<0.01$）的估计值都是显著的和负向的，这说明顾客回复和初始评论和的情感不一致，就会降低后续评级。同时，顾客回复和初始评论都是负面情感的也会降低后续评级，这可能是因为形成了负面共识，降低了后续顾客对企业的满意度。因此，本章提出的假设 7（b）和假设 7（c）也都被证实是可以成立的。

表 5-5　主效应和调节作用的实证结果

变量	（1）	（2）	变量	（3）
P_P_{ijt}	0.0120	0.043	P_P_{ijt}	0.016*
P_N_{ijt}	−0.028*	−0.066	P_N_{ijt}	−0.026*
N_P_{ijt}	−0.093**	−0.1180	N_P_{ijt}	−0.092*
N_N_{ijt}	−0.097***	−0.204	N_N_{ijt}	−0.103***
$P\_P_{ijt}\times r\_var_{ijt}$		0.004*	$P\_P_{ijt}\times CR\_TIME_{ijt}$	0.001
$P\_N_{ijt}\times r\_var_{ijt}$		0.004	$P\_N_{ijt}\times CR\_TIME_{ijt}$	−0.001*
$N\_P_{ijt}\times r\_var_{ijt}$		0.003	$N\_P_{ijt}\times CR\_TIME_{ijt}$	−0.000*
$N\_N_{ijt}\times r\_var_{ijt}$		0.011	$N\_N_{ijt}\times CR\_TIME_{ijt}$	−0.002**
			CR_TIME_{ijt}	−0.000*
r_month_{ijt}	0.010***	0.009***	r_month_{ijt}	0.009***
r_time_{ijt}	−0.000***	−0.000***	r_time_{ijt}	−0.000***
r_order_{ijt}	0.0000**	0.000**	r_order_{ijt}	0.000**
r_first_{ijt}	0.0315***	0.032***	r_first_{ijt}	0.032***
r_mean_{ijt}	0.010***	0.010***	r_mean_{ijt}	0.010***
MR_obs_{ijt}	0.026***	0.026***	MR_obs_{ijt}	0.025***
r_var_{ijt}	−0.002***	−0.002***	r_var_{ijt}	−0.002***
观测值	909201	909201	观测值	909201
R^2	0.062	0.062	R^2	0.062

注：因变量为餐厅 i 在 t 月第 j 个评论的评级。* 表示 $p<0.1$；** 表示 $p<0.05$；*** 表示 $p<0.01$。

假设 7（a）是不成立的，这可能是因为"负面偏见"的存在。具体来说，已经有很多文献证实了顾客对评论的情感存在认知偏差，即对负面评论的感知要大于正面评论，负面评论更能影响顾客的认知和决策[103,105]。这种现象被称为

"负面偏见"。因此本章认为，基于负面偏差，相对于都为负面情感的顾客回复和初始评论，都为正面情感的顾客回复和初始评论对后续顾客的影响较小。

三、调节变量影响的实证结果

首先，本章探究评级方差和时效性对于顾客回复的情感不一致性影响后续评级的调节作用。根据不同的调节变量，本章构建了以下两个公式探究 r_var_{ijt} 和 CR_TIME_{ijt} 的调节作用。其中，r_var_{ijt} 代表评论 i 之前的评级方差，CR_TIME_{ijt} 代表顾客回复和评论 i 之间的评论时间差。

$$R_{ijt}=\gamma_1 P\_P_{ijt}+\gamma_2 P\_N_{ijt}+\gamma_3 N\_P_{ijt}+\gamma_4 N\_N_{ijt}+\beta_{11} P\_P_{ijt}\times r\_var_{ijt}+\beta_{21}P\_N_{ijt}\times$$
$$r\_var_{ijt}+\beta_{31}N\_P_{ijt}\times r\_var_{ijt}+\beta_{41}N\_N_{ijt}\times r\_var_{ijt}+\alpha_1 r\_month_{ijt}+\alpha_2 r\_time_{ijt}+$$
$$\alpha_3 r\_order_{ijt}+\alpha_4 r\_first_{ijt}+\alpha_5 r\_mean_{ijt}+\alpha_6 MR\_obs_{ijt}+\alpha_7 r\_var_{ijt}+\mu_j+\varepsilon_{jt} \quad (5-2)$$

$$R_{ijt}=\gamma_1 P\_P_{ijt}+\gamma_2 P\_N_{ijt}+\gamma_3 N\_P_{ijt}+\gamma_4 N\_N_{ijt}+\beta_{12}P\_P_{ijt}\times CR\_TIME_{ijt}+\beta_{22}P\_N_{ijt}\times$$
$$CR\_TIME_{ijt}+\beta_{32}N\_P_{ijt}\times CR\_TIME_{ijt}+\beta_{42}N\_N_{ijt}\times CR\_TIME_{ijt}+\beta_5 CR\_TIME_{ijt}+$$
$$\alpha_1 r\_month_{ijt}+\alpha_2 r\_time_{ijt}+\alpha_3 r\_order_{ijt}+\alpha_4 r\_first_{ijt}+\alpha_5 r\_mean_{ijt}+\alpha_6 MR\_obs_{ijt}+$$
$$\alpha_7 r\_var_{ijt}+\mu_j+\varepsilon_{jt} \quad (5-3)$$

式（5-2）和式（5-3）的估计结果展示在表5-5中。在模型（2）中 $P\_P_{ijt}\times r\_var_{ijt}$（coefficient=0.004，$p<0.1$）的系数是显著正值，说明 r_var_{ijt} 正向调节了 P_P_{ijt} 对于后续评级的影响。这表明评论评级之间的差异越大，积极情感一致性对于后续顾客的影响越大越积极。根据表5-5的估计结果，假设8和假设9也被证实是成立的。在表5-5的模型（3）中，$P\_N_{ijt}\times CR\_TIME_{ijt}$（coefficient=-0.001，$p<0.1$），$N\_P_{ijt}\times CR\_TIME_{ijt}$（coefficient=-0.0004，$p<0.1$）和 $N\_N_{ijt}\times CR\_TIME_{ijt}$（coefficient=-0.002，$p<0.05$）的估计值是显著且负向的，说明 CR_TIME_{ijt} 负向调节了 P_N_{ijt}、N_P_{ijt} 和 N_N_{ijt} 对于后续评级的影响。这表明顾客回复与后续评级之间的时间差越大，其时效性越低，因此其对后续评级的影响越小。在表5-5的模型（3）中 $P\_P_{ijt}\times r\_var_{ijt}$（coefficient=0.004，$p<0.1$）的系数是显著正值，说明 r_var_{ijt} 正向调节了 P_P_{ijt} 对于后续评级的影响。这表明评级之间的差异越大，一致性的正向情感对于后续顾客的影响越大越积极。根据上述的估计结果，假设8和假设9也被证实是成立的。

其次，本章研究餐厅等级的调节作用。考虑到不同特征的样本来源中，餐厅等级会影响顾客对于在线评论内容的关注的不同。因此，本章在本节中探究不同餐厅等级对于顾客回复情感不一致的差异性影响。根据本章搜集的餐厅信息，餐厅的等级信息有两种：一种是餐厅整体的服务等级，具体为从 0 到 5 连续的星级；另一种是餐厅的人均消费水平。本章搜集的北京地区大约 19 万条的餐厅信息中，平均的餐厅星级为 4.22 星，餐厅的人均消费为 85 元。本章按照这两个不同的划分标准，分别将样本划分为高质量餐厅（餐厅星级大于 4.22 星），低质量餐厅（餐厅星级小于和等于 44.22 星）以及高端餐厅（餐厅人均消费大于 85 元），低端餐厅（餐厅人均消费小于和等于 85 元）。本章利用四个子样本分别对式（5-1）进行了重新估计，并展示在表 5-6 中。

表 5-6　餐厅等级的调节作用分析的实证结果

变量	（1）高质量餐厅	（2）低质量餐厅	（3）高端餐厅	（4）低端餐厅
P_P_{ijt}	0.016	0.012	0.006	0.036
P_N_{ijt}	-0.023^{*}	-0.049	-0.033^{*}	-0.015
N_P_{ijt}	-0.042^{*}	-0.001	-0.036	-0.230^{**}
N_N_{ijt}	-0.078^{***}	-0.147^{***}	-0.106^{***}	-0.073^{*}
r_month_{ijt}	0.006^{***}	0.011^{***}	0.007^{***}	0.009^{***}
r_time_{ijt}	0.000^{**}	0.000	-0.000^{*}	-0.000
r_order_{ijt}	0.000^{**}	-0.000	0.000^{**}	0.000
r_first_{ijt}	0.030^{***}	0.028^{***}	0.032^{***}	0.025^{***}
r_mean_{ijt}	0.008^{***}	0.009^{***}	0.010^{***}	0.009^{***}
MR_obs_{ijt}	0.024^{**}	0.113	0.040^{***}	0.032
r_var_{ijt}	-0.028^{***}	-0.017^{***}	-0.028^{***}	-0.033^{***}
观测值	55718	11606	50659	16788
R^2	0.037	0.048	0.052	0.059

注：因变量为餐厅 i 在 t 月第 j 个评论的评级。* 表示 $p<0.1$；** 表示 $p<0.05$；*** 表示 $p<0.01$。

根据表 5-6 中的结果可以看出，不同的子样本中，顾客回复的情感不一致性对于后续评级的影响不一样。首先，高质量餐厅样本中的 P_N_{ijt}（coefficient =

-0.023, $p<0.1$), N_P_{ijt} (coefficient $=-0.042$, $p<0.1$) 和 N_N_{ijt} (coefficient $=-0.078$, $p<0.01$) 的系数估计值都是显著负向影响后续评级,而低质量餐厅只有 N_N_{ijt} (coefficient $=-0.147$, $p<0.01$) 存在负向影响。这可能是因为高质量的餐厅的顾客对于其质量有较高的期待,因此更加关注和重视服务体验的一致性。而低质量餐厅的评级较低,其顾客可能并不在意评级的高低,因此评论中的情感不一致性对其顾客的影响也较小。其次,高端餐厅样本中 P_N_{ijt} (coefficient $=-0.033$, $p<0.1$) 和 N_N_{ijt} (coefficient $=--0.106$, $p<0.01$) 显著负向影响后续评级,而低端餐厅样本中 N_P_{ijt} (coefficient $=-0.230$, $p<0.05$) 和 N_N_{ijt} (coefficient $=-0.073$, $p<0.1$) 显著负向影响后续评级。顾客在两个样本中关注的情感不一致性变量是相反的,这可能是因为两种餐厅的顾客群体不同。高价格是高质量服务的象征,追求高端餐厅的顾客会更在意良好的体验和服务细节,因此更关注正面评论中描述的优质服务体验。选择低端餐厅的消费者最感兴趣的是物有所值的体验和高性价比,因此他们更关注负面评级相关的信息以避免太过糟糕的服务。最后,从结果中可以看出,所有子样本中 N_N_{ijt} 对于后续评级都是显著的负面影响。这说明无论什么等级的餐厅在面对负面共识时,都会降低后续顾客的满意度。本章的异质性检验证明了不同样本的餐厅中,顾客回复的情感不一致性对于后续评级有不同的影响。这证实了假设 10 是成立的。

四、稳健性检验的实证结果

上述的研究中,本章只考虑了初始评论中包含单个顾客回复的评论。但是在现实的在线互动中,初始评论不仅会获得单个顾客回复,往往还会有多个顾客回复的存在。因此,本章将所有获得顾客回复的初始评论都放到样本中进行稳健性检验。针对初始评论下方多个顾客回复的情感值的计算,本章首先分别计算单个顾客回复的情感值,然后把平均值当作是顾客回复的整体情感值。本章利用新的样本对上述的式(5-1)、式(5-2)和式(5-3)以及餐厅等级调节作用进行了重新估计,具体结果展示在表 5-7 和表 5-8 中。根据本章估计的结果对比看出,在单个顾客回复背景下 P_N_{ijt}、N_P_{ijt} 和 N_N_{ijt} 的系数都是显著负向的,而在多个顾客回复背景下,只有 P_N_{ijt} (coefficient $=-0.032$, $p<0.01$) 和 N_N_{ijt} (coefficient $=-0.063$, $p<0.01$) 的系数显著的。这说明如果负面评论收到较多的正面情

感的顾客回复，会抵消顾客回复和初始评论情感不一致带来的矛盾性，进而使负面情感不一致对后续评级的负面影响减弱。其次，可以看出其他模型的多个顾客回复的样本估计值与单个顾客回复的样本估计值的显著性都是相同的。这表明本章的结果在更为复杂的互动中，顾客回复的情感不一致性对于后续评级的影响都是稳健和可靠的。

表 5-7　主效应和调节作用的稳健性检验

变量	（1）	（2）	变量	（3）
P_P_{ijt}	0.004	-0.044	P_P_{ijt}	0.006
P_N_{ijt}	-0.032***	-0.069	P_N_{ijt}	-0.026**
N_P_{ijt}	-0.016	-0.026***	N_P_{ijt}	-0.022
N_N_{ijt}	-0.063***	-0.056	N_N_{ijt}	-0.073***
$P\_P_{ijt} \times r\_var_{ijt}$		0.026***	$P\_P_{ijt} \times CR\_TIME_{ijt}$	0.001
$P\_N_{ijt} \times r\_var_{ijt}$		0.000	$P\_N_{ijt} \times CR\_TIME_{ijt}$	-0.002*
$N\_P_{ijt} \times r\_var_{ijt}$		0.006	$N\_P_{ijt} \times CR\_TIME_{ijt}$	-0.001*
$N\_N_{ijt} \times r\_var_{ijt}$		-0.001	$N\_N_{ijt} \times CR\_TIME_{ijt}$	-0.003***
			CR_TIME_{ijt}	-0.000
r_month_{ijt}	0.081***	0.009***	r_month_{ijt}	0.009***
r_time_{ijt}	-0.000***	-0.000***	r_time_{ijt}	-0.000***
r_order_{ijt}	0.000**	0.000***	r_order_{ijt}	0.000**
r_first_{ijt}	0.032***	0.031***	r_first_{ijt}	0.032***
r_mean_{ijt}	0.010***	0.010***	r_mean_{ijt}	0.010***
MR_obs_{ijt}	0.027***	0.031***	MR_obs_{ijt}	0.026***
r_var_{ijt}	-0.002***	-0.035***	r_var_{ijt}	-0.002***
观测值	972767	972767	观测值	972767
R^2	0.062	0.062	R^2	0.062

注：因变量为餐厅 i 在 t 月第 j 个评论的评级。＊表示 $p<0.1$；＊＊表示 $p<0.05$；＊＊＊表示 $p<0.01$。

表 5-8　餐厅等级调节作用的稳健性检验

变量	（1）	（2）	（3）	（4）
	高质量餐厅	低质量餐厅	高端餐厅	低端餐厅
P_P_{ijt}	0.004	0.010	−0.001	0.023
P_N_{ijt}	−0.031**	−0.035	−0.039***	−0.008
N_P_{ijt}	−0.039**	0.052	−0.026	−0.168***
N_N_{ijt}	−0.036**	−0.135***	−0.052***	−0.104***
r_month_{ijt}	0.009***	0.009***	0.009***	0.008***
r_time_{ijt}	−0.000***	0.000***	−0.000***	0.000
r_order_{ijt}	−0.000	−0.000***	0.000	0.000
r_first_{ijt}	0.030***	0.033***	0.031***	0.032***
r_mean_{ijt}	0.009***	0.009***	0.010***	0.010***
MR_obs_{ijt}	0.016***	0.073***	0.027***	0.016
r_var_{ijt}	−0.002***	−0.001***	−0.002***	−0.002***
观测值	786698	186069	717285	256915
R^2	0.043	0.046	0.056	0.067

注：因变量为餐厅 i 在 t 月第 j 个评论的评级。＊＊表示 $p<0.05$；＊＊＊表示 $p<0.01$。

第五节　研究结果

基于大众点评网站中在线评论和顾客回复的面板数据，本章分析了顾客回复和初始评论之间情感不一致对于后续顾客评级行为的影响。而且，本章还探究了评级方差和评论时间的调节作用，以及基于不同餐厅等级的子样本的异质性分析和一系列的稳健性检验。具体来说，本章的研究结果主要有以下四点结论：

第一，顾客回复情感不一致会影响后续顾客的评论评级。在单个顾客回复的背景下，正面情感不一致和负面情感不一致都会降低后续顾客的评论评级。具体来说，正面情感不一致会降低后续评级 0.03 个星级；负面情感不一致会降低后续评级 0.09 个星级。但是在多个顾客回复的背景下，只有正面情感不一致会降低后续评级，而负面情感不一致则不影响后续评级。这说明，多个正面情感的顾客回复会缓解负面情感不一致性给后续顾客带来的负面感知。

第二，负面情感一致也会降低后续顾客的评论评级。根据本章的实证结果可以看出，负面情感一致也会降低后续顾客评论评级 0.10 个星级，比正面情感不一致和负面情感不一致的负面影响都大。这表明，在负面评论下方的互动会形成负面共识，造成较大的负面影响。

第三，评级方差和评论时效性可以调节顾客回复情感不一致对于后续评级的影响。研究结果表明，已有评论的评级方差越大，正面情感一致对于后续评级的影响越大。这表明顾客面对感知不确定性和感知风险较高的在线评论时，更看重正面情感一致的评论，且正面情感一致会提高后续顾客的满意度。而且，顾客回复的评论时间和后续评论时间之间的差值越大，对后续顾客评论评级的影响越小。这意味着时间越接近的信息，顾客感知信息的程度越强，信息的影响也越大。

第四，不同等级的餐厅样本中，顾客回复情感不一致对于后续评级的影响不同。研究结果表明，高质量餐厅中无论是正面情感不一致还是负面情感不一致都会降低后续顾客的评论评级，这可能是顾客对于高质量餐厅的服务体验要求更严格。但是，高端餐厅中正面情感不一致会降低后续顾客的评论评级，而低端餐厅中却是负面情感不一致会降低后续评论评级。这表明高端餐厅的顾客更看重正面评论的信息，而低端餐厅的顾客更关注负面评论的信息。另外，不同等级餐厅中，负面情感一致都会降低后续顾客的评论评级。这表明，负面评论获得的负面情感的顾客回复对于任何类别的企业都有一种负面影响的存在。

本章小结

本章的研究以餐厅服务为背景，搜集了大众点评平台的餐厅评论数据作为样本来源，并利用可见性识别策略来探究顾客回复情感对评论评级的影响。首先，本章分析了顾客回复情感不一致对于后续顾客评论评级的影响。其次，本章进一步证明了已有评论的评级方差和顾客回复的时效性会调节顾客回复情感不一致对于后续顾客评论的影响。最后，本章对顾客回复情感不一致性的影响进行了异质性和稳健性分析，研究结果表明不同等级餐厅背景下，顾客回复的情感不一致性的影响是不同的。而且本章证明了在多方互动的场景下，顾客回复情感不一致对于后续顾客评级的影响依然是稳健的。本章的结论进一步证明了顾客间互动内容也会影响后续顾客的评论行为。本章的研究给电商企业管理在线评论和维护在线声誉提供了更详尽的指导意见。

第六章　总结与展望

本章总结了本书的主要研究工作和研究成果，并阐述了本书的理论价值和实践启示，提出了本书的研究不足和未来研究方向。

第一节　总结

面对在线评论重要性日益增加的现状，学者们不断地从各种角度探究在线评论的影响，以期全面了解在线评论的价值，实现企业利益最大化。同时，为了进一步提高顾客的服务体验，电商平台对在线评论系统进行了完善和改进，其中顾客回复功能成为一项重要改进。基于在线评论的顾客回复功能不仅改善了顾客的服务体验，也给电商企业管理在线评论带来了新挑战。目前，顾客回复功能已经被各种电商平台广泛应用，但针对该功能的研究还不够充分。因此，探究在线评论中顾客回复的影响已经成为学术界和实业界较为关心的问题。本书旨在研究顾客回复对评论行为的影响，以期为电商平台和企业提供有益的管理策略。

本书主要探究了三个问题：一是利用社会学习理论和强化理论，研究基于在线评论的顾客回复行为是否影响以及如何影响后续顾客的评论数量。二是根据社会压力理论，探究基于在线评论的顾客回复行为是否影响以及如何影响后续顾客的评论评级。三是根据一致性理论，分析基于在线评论的顾客回复情感如何影响后续顾客的评论评级。这三个问题构成了一个递进关系的研究体系，较为系统地分析了在线评论中顾客回复对评论行为的影响。

为探究上述三个问题，本书以餐厅评论数据为数量来源，利用计量模型探究了在线评论中顾客回复对后续顾客评论行为的影响。首先，本书根据社会学习理论和强化理论建立了顾客回复行为对于后续顾客评论数量的影响假设模型，利用爬取到的两个电商平台的评论数据和回复信息，采用双重差分模型验证了顾客回复对于后续顾客评论数量有积极影响。其次，本书基于社会压力理论构建了顾客回复行为对于后续顾客评论评级影响的理论模型，采用双重差分模型和可见性识别策略分析了探究顾客回复对于后续顾客评论评级的积极影响，以及评论评级和回复及时性的调节作用。最后，本书构建了顾客回复的情感不一致对于后续顾客评论评级的理论模型，通过对回复内容进行情感分析，并结合可见性识别策略证明了顾客回复的情感不一致对后续顾客评论评级的影响，以及评级方差、回复时效性和餐厅等级的调节作用。每项研究的具体结论如下：

（1）顾客回复行为对评论数量有显著的积极影响。

本书发现顾客回复通过可见性机制显著影响后续顾客的评论数量。首先，依据社会学习理论和强化理论，顾客回复行为被后续顾客看作一种评论奖励，会激发后续顾客的评论动机，进而产生更多的评论。具体来说，顾客回复行为会增加后续顾客的评论数量，而且无论顾客回复正面评论还是负面评论，都会增加后续顾客的评论数量。其次，顾客回复行为对后续顾客评论数量的影响会受到可见性机制的影响。即，后续顾客只在在最近三个月的评论中观察到顾客回复行为的存在，其评论行为才会受到顾客回复的影响；反之，后续顾客的评论行为不会受到顾客回复行为的影响。最后，顾客回复的频率和数量与后续评论的数量呈现出正相关关系。在线评论中包含的顾客回复越多，后续顾客的评论数量增加得也越多。

（2）顾客回复行为对评论评级有显著的积极影响。

首先，本书证明了顾客回复行为会显著地提升后续顾客的评论评级。且可见性成为该影响的边界条件，即只有当顾客回复被后续顾客观察到时，才会对其评论评级产生积极影响。根据社会压力理论，顾客回复行为被后续顾客看作一种压力来源，为提高自己的社会形象选择了提高评论评级的亲社会行为。其次，顾客回复行为对于后续顾客评论评级的影响受到评论评级和回复时效性的调节作用。具体而言，只有顾客回复正面和中性评论才会提高后续顾客的评论评级，而顾客回复极端的负面评级反而会降低后续顾客的评论评级。顾客回复的及时性则正向调节了顾客回复对后续顾客评论评级的影响，顾客回复越及时，后续顾客对于顾客回复的感知越强烈，越受到顾客回复的影响，这也会导致其评论评级越发积极。

（3）顾客回复情感不一致会影响评论评级。

首先，在单一顾客回复初始评论的情景下，顾客回复情感不一致会对后续顾客的评论评级产生负面影响；但在多个顾客回复初始评论的情景下，只有正面情感不一致会降低后续顾客的评论评级。这说明，在更为复杂的顾客间互动情况下，顾客回复情感不一致并不总是降低后续顾客的评论评级，多个正面情感的顾客回复会抵消负面评论和情感不一致带来的负面影响。其次，负面情感一致也会降低后续顾客的评论评级，而且这种负面情感一致引发的负面共识对后续评级的负面影响最深。最后，评级方差、评论时效性和企业类型会调节顾客回复情感不一致时对于后续顾客评论评级的影响。已有评论的评级方差越大，正面情感一致对于后续顾客评论评级的影响越大；顾客回复的时效性越近，顾客回复的情感不一致对于后续顾客评论评级的影响越大；在不同等级的餐厅中，顾客回复情感不一致时对于后续顾客评论评级的影响不同，高端餐厅中正面情感不一致会对后续顾客的评论评级产生负面影响，而低端餐厅中负面情感不一致会降低后续顾客的评论评级。

第二节　理论贡献与实践启示

一、理论贡献

首先，本书研究了基于在线评论的顾客回复的影响，不仅完善了评论回复的研究框架，还拓宽了在线评论的研究领域。在线评论作为一种重要的信息来源，对于顾客购买决策、服务体验以及企业绩效等方面都有着重要的影响。学者们从不同角度探究了在线评论生成原因以及评论数量、评论评级、评论发布者身份等因素的影响[127-146]。然而，现有研究主要关注在线评论的单向传播，较少有研究者从双向互动的角度探究在线评论的影响。因此，本书从互动性的角度出发，关注了在线评论中新增加的一个互动模块——顾客回复，并将在线评论中的顾客回复定义为基于在线评论的顾客间互动。通过探究在线评论中顾客回复的影响，本书不仅扩展了在线评论的研究视角，从评论内容、评论数量和评论评级的内容维度延伸到顾客回复的互动维度，而且利用顾客回复填补了评论回复的研究不足。本书的研究结果扩充了评论回复的理论概念，丰富了在线评论中双向互动的研究视角，为在线评论的研究提供了新视角。

其次，本书通过探究顾客回复这一顾客间互动行为和互动内容对后续顾客的影响，补充了在线顾客间互动外部性影响的探索，扩展了在线顾客间互动的研究视角。一方面，已有文献主要探究了顾客间互动对于参与互动的顾客情感和认知的影响[208-217]，即分析在线顾客间互动的内部性影响。本书利用在线评论数据和计量模型对顾客间互动的外部性影响进行了量化，证实了在线顾客间互动会对后续顾客的评论行为产生显著的影响，从而丰富了在线顾客间互动外部性影响的探索。已有顾客间互动的文献大多采用问卷调查、实验研究、文献研究等方法[41,46,213-217]，本书采纳的基于二手数据和计量模型的研究方法在一定程度上填补了该研究领域实证方法的不足。另一方面，本书通过对比分析不同类型顾客间互动的影响，丰富了顾客间互动在不同场景下的影响探究，证明了基于不同在线评论的顾客间互动会对评论行为产生不同的影响。本书还关注了顾客间互动内容的影响，弥补了已有研究较少关注顾客间互动内容这一维度的不足。通过探究基于在线评论的顾客间互动的影响，本书不仅扩展了在线顾客间互动影响的研究范围，还从互动内容的角度为该领域提供了新的研究方向。

最后，本书基于社会学习理论、强化理论、社会压力理论以及一致性理论，分析了顾客回复行为和情感对于评论数量和评论评级的影响，拓展了相关理论的应用范围并充实了影响顾客评论行为因素的理论体系。已有研究表明，顾客的评论行为受到多种因素的影响，包括实际服务消费体验、社会因素和其他社会因素[141-143]。学者们从不同角度分析了影响顾客评论行为的因素，如顾客个性特征[127,128]、已有评论信息[140-144]、评论者身份[144-150]、平台功能变动[138,154,155]、企业管理行为[22,51,157,158]等。然而，现有研究还未探究在线顾客间互动与顾客评论行为之间的联系。本书通过探究在线评论中顾客回复的影响，并提供了一个新的指标来影响顾客评论行为。利用在线评论中顾客回复提供的顾客间互动的新接触点，并基于社会学习理论、强化理论、社会压力理论以及一致性理论，本书对顾客间互动在塑造后续顾客评论行为的有效性进行了验证。结果表明，顾客间互动不仅可以作为一种评论奖励的外部环境刺激推动评论的发布，还会对后续顾客的评论行为产生社会压力来使他们更倾向于发布积极的评论。此外，本书还证明了顾客间互动的内容也会对顾客的评论行为产生影响。顾客间互动的情感不一致会对后续顾客造成矛盾心理，进而降低满意度，同时也导致评论评级的降低。本书结合社会心理学理论视角，将在线顾客间互动作为影响顾客评论行为的变量进行探究，丰富了顾客评论行为的影响因素的研究。

二、实践启示

本书的研究结论给电商平台和电商企业如何管理和引导在线评论中的顾客间互动，从而促使顾客发布更多更积极的评论提供了一定的管理启示。这里分别从优化在线评论系统、管理在线声誉和引导顾客在线行为这三个角度对本书的实践启示进行论述。

首先，本书证明了基于在线评论的顾客间互动功能的重要性，为电商平台通过有效结合顾客间互动功能来优化在线评论系统提供了实践指导。对电商平台来说，提供更多数量且有价值的评论帮助顾客做出更好的购买决策，以及更进一步满足顾客需求是主要目的。本书研究结果表明，在线评论系统中顾客间互动能提高顾客评论行为的价值和重要性，为电商平台优化在线评论系统功能来实现目标提供了有价值的见解。一方面，电商平台的在线评论系统可以进一步强调社交功能，引入更多样化的顾客间互动方式，使顾客间互动更加直接和高效。例如，电商平台可以增加基于视频或图片信息的互动功能。另一方面，电商平台可以在评论系统中增加顾客间互动相关的展示功能，以此帮助顾客更好地筛选信息和做出购买决策。例如，在线评论系统中可以增加顾客间互动的评论筛选标签，或者突出或者优先展示包含顾客间互动的评论，以此帮助顾客直接定位到有顾客间互动的评论信息。

其次，本书有助于电商企业了解顾客回复对评级行为的影响机制，为企业制定在线服务策略和提升在线声誉提供了实践启示。对于电商企业来说，鉴于竞争日益激烈的在线环境，如何提高自身的在线声誉以增加顾客的信任度、降低购买风险成为其重要的管理措施和目标。本书的研究结果表明，基于在线评论的顾客回复会影响评论评级，为企业管理在线声誉和顾客评论行为提供了有益的实践启示。一方面，企业在管理在线评论时，不仅需要管理初始评论的内容和评级，还应该把顾客回复也纳入其管理在线评论的策略中。企业应该重视和管理在线评论中顾客回复，如企业员工可以利用软件系统识别和关注顾客回复的互动过程和情况，包括互动的频率和时间，以及顾客回复初始评论的评级分布。而且，不同类型企业在管理在线评论时，应该选择关注不同顾客回复内容的评论以尽可能地节省时间成本。企业除了需要重点关注包含顾客回复的评论外，还应该对负面情感的顾客回复多加关注，以防出现负面影响的进一步扩大。另一方面，企业应该鼓励顾客参与到在线评论的互动中，以此提高在线声誉。企业可以对互动频繁的顾客提供经济和声誉激励，鼓励他们继续互动，从而创造良好的互动氛围。企业也可以利用商家回复的功能营造积极的语言氛围，对潜在顾客的互动行为产生示范效应。

最后，本书帮助电商务平台充分发挥顾客间互动优势，优化互动质量，引导和激发顾客在线参与行为提供了实践指导。对电商平台来说，促进顾客发布更多数量的评论，吸引更多顾客在线参与行为和增加在线流量也是平台生存的关键目标。一方面，本书研究结果证明了基于在线评论的顾客间互动能提高顾客的评论数量，这为电商平台积极使用各种顾客间互动功能来鼓励顾客发表评论提供了理论参考。例如，电商平台可以定期推出顾客间互动的活动，以此增加顾客的在线评论行为，提供更多有价值的评论信息。另一方面，随着有用信息识别难度的增加，基于在线评论的顾客间互动对于信息获取的高效性和有用性都表现出了明显的优势。随着时间的推移，在线评论中顾客回复的数量逐年增加，已经成为顾客获取产品信息的另一重要渠道。基于在线评论的顾客间互动提供了增加评论有用性、减少不确定性、提高购物效率的价值，电商平台可以利用该功能价值制定营销策略，宣传其平台优势，以此提高顾客对电商平台信息的信任度，增加在线顾客浏览量。

第三节 研究展望

本书以在线评论中顾客回复为研究对象，利用二手数据和计量模型获得了基于在线评论的顾客间互动对于后续顾客评论行为影响的一系列研究结果。但是，本书也存在着一定的局限性，需要在未来的研究中不断地完善和改进。

首先，由于时间和成本的考虑，本书进行研究的数据只选取了两个电商平台中北京地区的评论信息。本书进行的实证研究数据来源于中国，可能不适合其他国家消费文化与习惯。因此，未来的研究可以延伸到具有其他文化背景的地区，比较顾客间互动对不同文化背景顾客影响的不同。

其次，本书在分析顾客回复的影响时，仅设置了较为简单的顾客浏览评论的模式。在现实生活中，顾客在写评论之前可能会浏览和观察到其他更多的在线评论。顾客的实际决策行为会更加复杂，未来的研究可以进一步采用混合型或者多阶段决策模型对顾客回复的影响进行研究。

最后，本书只关注了在线评论中顾客回复对于顾客评论行为的影响，没有探究其对于企业绩效的直接影响。未来可以通过获取企业的销售或顾客的真实访问数据，探索顾客间互动对企业绩效的影响。而且，未来的研究可以通过多样化的方法，如问卷调查和田野实验来深入分析和验证顾客回复对评论行为的影响机制。

参考文献

[1] 马香品. 数字经济时代的居民消费变革: 趋势、特征、机理与模式 [J]. 财经科学, 2020, 382 (1): 120-132.

[2] 王正沛, 李国鑫. 消费体验视角下新零售演化发展逻辑研究 [J]. 管理学报, 2019, 16 (3): 333-342.

[3] 贺和平, 周志民, 刘雁妮. 在线购物体验研究前沿述评 [J]. 外国经济与管理, 2011, 33 (10): 42-51.

[4] Amaro S, Duarte P. An integrative model of consumers'intentions to purchase travel online [J]. Tourism Management, 2015, 46: 64-79.

[5] van der Heijden H, Verhagen T, Creemers M. Understanding online purchase intentions: Contributions from technology and trust perspectives [J]. European Journal of Information Systems, 2003, 12 (1): 41-48.

[6] Bolton G E, Katok E, Ockonfcls A. How effective are electronic reputation mechanisms? An experimental investigation [J]. Management Science, 2004, 50 (11): 1587-1602.

[7] Pavlou P A, Gefen D. Building effective online marketplaces with institution-based trust [J]. Information Systems Research, 2004, 15 (1): 37-59.

[8] Kaushik K, Mishra R, Rana N P, et al. Exploring reviews and review sequences on e-commerce platform: A study of helpful reviews on amazonin [J]. Journal of Retailing and Consumer Services, 2018, 45: 21-32.

[9] Chen J, Teng L, Yu Y, et al. The effect of online information sources on purchase intentions between consumers with high and low susceptibility to informational

influence［J］. Journal of Business Research，2016，69（2）：467-475.

［10］Zhang M，Wei X，Zeng D D. A matter of reevaluation：Incentivizing users to contribute reviews in online platforms［J］. Decision Support Systems，2020，128：113158.

［11］Shen Y，Shan W，Luan J. Influence of aggregated ratings on purchase decisions：An event-related potential study［J］. European Journal of Marketing，2018，52（1-2）：147-158.

［12］Ahmad S N，Laroche M. Analyzing electronic word of mouth：A social commerce construct［J］. International Journal of Information Management，2017，37（3）：202-213.

［13］Liu Z，Park S. What makes a useful online review? Implication for travel product websites［J］. Tourism Management，2015，47：140-151.

［14］江晓东. 什么样的产品评论最有用？——在线评论数量特征和文本特征对其有用性的影响研究［J］. 外国经济与管理，2015，37（4）：41-55.

［15］Ren J，Nickerson J V. Arousal，valence，and volume：How the influence of online review characteristics differs with respect to utilitarian and hedonic products［J］. European Journal of Information Systems，2019，28（3）：272-290.

［16］Viglia G，Minazzi R，Buhalis D. The influence of e-word-of-mouth on hotel occupancy rate［J］. International Journal of Contemporary Hospitality Management，2016，28（9）：2035-2051.

［17］高宝俊，王寒凝，黄瑱等. 在线评价系统对商品销售的影响分析——基于京东和天猫的数据［J］. 价格理论与实践，2015，374（8）：103-105.

［18］Yang C，Wu L，Tan K，et al. Online user review analysis for product evaluation and improvement［J］. Journal of Theoretical and Applied Electronic Commerce Research，2021，16（5）：1598-1611.

［19］张振刚，罗泰晔. 基于在线评论数据挖掘和 Kano 模型的产品需求分析［J］. 管理评论，2022，34（11）：109 117.

［20］单晓红，张晓月，刘晓燕. 基于在线评论的用户画像研究——以携程酒店为例［J］. 情报理论与实践，2018，41（4）：99-104+149.

［21］陈远高，应梦茜，毕然等. 管理者回复对在线评论与有用性关系的调

节效应：基于 TripAdvisor 的实证研究 [J]. 管理工程学报，2021，35 (5)：110-116.

[22] Chen W, Gu B, Ye Q, et al. Measuring and managing the externality of managerial responses to online customer reviews [J]. Information Systems Research，2019，30 (1)：81-96.

[23] 王长征，何钐，王魁. 网络口碑中追加评论的有用性感知研究 [J]. 管理科学，2015，28 (3)：102-114.

[24] Liu Y, Gan W xue, Zhang Q. Decision-making mechanism of online retailer based on additional online comments of consumers [J]. Journal of Retailing and Consumer Services，2021，59：102389.

[25] Bacile T J. Digital customer service and customer-to-customer interactions：Investigating the effect of online incivility on customer perceived service climate [J]. Journal of Service Management，2020，31 (3)：441-464.

[26] Wu C H J. The impact of customer-to-customer interaction and customer homogeneity on customer satisfaction in tourism service-The service encounter prospective [J]. Tourism Management，2007，28 (6)：1518-1528.

[27] Luo J, Wong I K A, King B, et al. Co-creation and co-destruction of service quality through customer-to-customer interactions：Why prior experience matters [J]. International Journal of Contemporary Hospitality Management，2019，31 (3)：1309-1329.

[28] Becker L C, Pizzutti C. C2C value creation：Social anxiety and retail environment [J]. Journal of Research in Interactive Marketing，2017，11 (4)：398-415.

[29] Czepiel J A. Service encounters and service relationships：Implications for research [J]. Journal of Business Research，1990，20 (1)：13-21.

[30] Weitzl W, Hutzinger C. The effects of marketer- and advocate-initiated online service recovery responses on silent bystanders [J]. Journal of Business Research，2017，80：164-175.

[31] Weitzl W J, Einwiller S A. Profiling(un-) committed online complainants：Their characteristics and post-webcare reactions [J]. Journal of Business Research，

2020, 117: 740-753.

[32] Nicholls R. New directions for customer-to-customer interaction research [J]. Journal of Services Marketing, 2010, 24 (1): 87-97.

[33] Harris K, Baron S. Consumer-to-consumer conversations in service settings [J]. Journal of Service Research, 2004, 6 (3): 287-303.

[34] Libai B, Bolton R, Bügel M S, et al. Customer-to-customer interactions: Broadening the scope of word of mouth research [J]. Journal of Service Research, 2010, 13 (3): 267-282.

[35] Vargo S L, Lusch R F. Service-dominant logic: Continuing the evolution [J]. Journal of the Academy of Marketing Science, 2008, 36 (1): 1-10.

[36] Abboud L, As'ad N, Bilstein N, et al. From third party to significant other for service encounters: A systematic review on third-party roles and their implications [J]. Journal of Service Management, 2020, 32 (4): 533-559.

[37] Ho M H W, Chung H F L, Kingshott R, et al. Customer engagement, consumption and firm performance in a multi-actor service eco-system: The moderating role of resource integration [J]. Journal of Business Research, 2020, 121: 557-566.

[38] Jung J H, Yoo J J, Arnold T J. Service climate as a moderator of the effects of customer-to-customer interactions on customer support and service quality [J]. Journal of Service Research, 2017b, 20 (4): 426-440.

[39] Lin H, Gursoy D, Zhang M. Impact of customer-to-customer interactions on overall service experience: A social servicescape perspective [J]. International Journal of Hospitality Management, 2020, 87: 102376.

[40] 卜庆娟, 金永生, 李朝辉. 互动一定创造价值吗? ——顾客价值共创互动行为对顾客价值的影响 [J]. 外国经济与管理, 2016, 38 (9): 21-37+50.

[41] Carlson J, Rahman S M, Rahman M M, et al. Engaging Gen Y customers in online brand communities: A cross-national assessment [J]. International Journal of Information Management, 2021, 56: 102252.

[42] Wu C H J. The influence of customer-to-customer interactions and role typology on customer reaction [J]. Service Industries Journal, 2008, 28 (10): 1501-

1513.

［43］李志兰. 顾客间互动研究综述与展望［J］. 外国经济与管理，2015，37（12）：73-85.

［44］Cai R，Lu L，Gursoy D. Effect of disruptive customer behaviors on others' overall service experience：An appraisal theory perspective［J］. Tourism Management，2018，69：330-344.

［45］Izogo E E，Mpinganjira M，Karjaluoto H，et al. Examining the impact of eWOM-triggered customer-to-customer interactions on travelers' repurchase and social media engagement［J］. Journal of Travel Research，2021，61（8）：1872-1894.

［46］Xu X，Xue K，Wang L，et al. Effects of customer-to-customer social interactions in virtual travel communities on brand attachment：The mediating role of social well-being［J］. Tourism Management Perspectives，2021，38（58）：100790.

［47］申光龙，彭晓东，秦鹏飞. 虚拟品牌社区顾客间互动对顾客参与价值共创的影响研究——以体验价值为中介变量［J］. 管理学报，2016，13（12）：1808-1816.

［48］Dellarocas C，Wood C A. The sound of silence in online feedback：Estimating trading risks in the presence of reporting bias［J］. Management Science，2008，54（3）：460-476.

［49］Chevalier J A，Mayzlin D. The effect of word of mouth on sales：Online book reviews［J］. Journal of Marketing Research，2006，45（2）：345-354.

［50］Cheung C M K，Lee M K O. What drives consumers to spread electronic word of mouth in online consumer-opinion platforms［J］. Decision Support Systems，2012，53（1）：218-225.

［51］Chevalier J A，Dover Y，Mayzlin D. Channels of impact：User reviews when quality is dynamic and managers respond［J］. Marketing Science，2018，37（5）：688-709.

［52］李宗伟，张艳辉，夏伟伟. 卖家反馈能否引发高质量的在线评论信息？——基于淘宝网的实证分析［J］. 中国管理科学，2021，29（5）：221-230.

［53］Verhoef P C，Reinartz W J，Krafft M. Customer engagement as a new per-

spective in customer management [J]. Journal of Service Research, 2010, 13 (3):
247-252.

[54] Berger J. Word of mouth and interpersonal communication: A review and directions for future research [J]. Journal of Consumer Psychology, 2014, 24 (4):
586-607.

[55] Antón C, Camarero C, Garrido M J. What to do after visiting a museum? From post-consumption evaluation to intensification and online content generation [J]. Journal of Travel Research, 2019, 58 (6): 1052-1063.

[56] Moe W W, Schweidel D A. Online product opinions: Incidence, evaluation, and evolution [J]. Marketing Science, 2012, 31 (3): 372-386.

[57] Li H, Qi R, Liu H, et al. Can time soften your opinion? The influence of consumer experience valence and review device type on restaurant evaluation [J]. International Journal of Hospitality Management, 2021a, 92: 102729.

[58] De Pelsmacker P, Van Tilburg S, Holthof C. Digital marketing strategies, online reviews and hotel performance [J]. International Journal of Hospitality Management, 2018, 72: 47-55.

[59] Serra Cantallops A, Salvi F. New consumer behavior: A review of research on eWOM and hotels [J]. International Journal of Hospitality Management, 2014, 36: 41-51.

[60] Shostack G L. How to design a service [J]. European Journal of Marketing, 1982, 16 (1): 49-63.

[61] Surprenant C F, Solomon M R. Predictability and personalization in the service encounter [J]. Journal of Marketing, 1987, 51: 86-96.

[62] Solomon M R, Surprenant C, Czepiel J A, et al. A role theory perspective on dyadic interactions: The service encounter [J]. Journal of Marketing, 1985, 49 (1): 99.

[63] Shostack G L. Service positioning through structural change [J]. Journal of Marketing, 1987, 51 (1): 34.

[64] Bitner M J, Booms B H, Tetreault M S. The service encounter: Diagnosing

favorable and unfavorable incidents ［J］. Journal of Marketing, 1990, 54 （1）: 71.

［65］ Larivière B, Bowen D, Andreassen T W, et al. "Service Encounter 2. 0": An investigation into the roles of technology, employees and customers ［J］. Journal of Business Research, 2017, 79: 238-246.

［66］ Meuter M L, Ostrom A L, Roundtree R I, et al. Self-service technologies: Understanding customer satisfaction with technology-based service encounters ［J］. Journal of Marketing, 2000, 64 （3）: 50-64.

［67］ Giebelhausen M, Robinson S G, Sirianni N J, et al. Touch Versus Tech: When technology functions as a barrier or a benefit to service encounters ［J］. Journal of Marketing, 2014, 78 （4）: 113-124.

［68］ Yee R W Y, Yeung A C L, Cheng T C E. The impact of employee satisfaction on quality and profitability in high-contact service industries ［J］. Journal of Operations Management, 2008, 26 （5）: 651-668.

［69］陈晔, 白长虹. 高接触型服务的顾客价值驱动要素实证研究 ［J］. 山西财经大学学报, 2009, 31 （7）: 51-59.

［70］范秀成. 服务质量管理: 交互过程与交互质量 ［J］. 南开管理评论, 1999, 1 （8）: 8-12+23.

［71］ Froehle C M, Roth A V. New measurement scales for evaluating perceptions of the technology-mediated customer service experience ［J］. Journal of Operations Management, 2004, 22 （1）: 1 21.

［72］ Lockwood A. Using service incidents to identify quality improvement points ［J］. International Journal of Contemporary Hospitality Management, 1994, 6 （1-2）: 75-80.

［73］卫海英, 杨国亮. 企业-顾客互动对品牌信任的影响分析——基于危机预防的视角 ［J］. 财贸经济, 2011, 4: 79-84.

［74］吴雪, 李怀斌. O2O 情境下顾客信任的动态变化机制研究——基于服务接触的双效应分析 ［J］. 财经问题研究, 2021, 448 （3）: 121-129.

［75］肖海林, 李书品. 企业社会责任感知与消费者归因对服务性企业服务补救满意度的影响——基于顾客认同的中介作用 ［J］. 南开管理评论, 2017, 20

（3）：124-134.

［76］杨强，孟陆，董泽瑞．补救时机与失误类型相匹配对服务补救绩效影响研究——基于顾客参与视角［J］．大连理工大学学报（社会科学版），2020，41（1）：56-62.

［77］Li X, Chan K W, Kim S. Service with emoticons: How customers interpret employee use of emoticons in online service encounters［J］. Journal of Consumer Research, 2019, 45（5）：973-987.

［78］朱梦然，颜祥林，袁勤俭．服务接触理论及其在信息系统研究中的应用与展望［J］．现代情报，2019，39（12）：149-159.

［79］Kietzmann J H, Hermkens K, McCarthy I P, et al. Social media? Get serious! Understanding the functional building blocks of social media［J］. Business Horizons, 2011, 54（3）：241-251.

［80］崔雪莲，洪月，那日萨．基于网络评论的消费者重购行为意向挖掘［J］．山东大学学报（理学版），2015，50（3）：28-31+44.

［81］Chatterjee P. Online reviews: Do consumers use them?［J］. Association for Consumer Research, 2001：129-134.

［82］Hu N, Zhang J, Pavlou P A. Overcoming the J-shaped distribution of product reviews［J］. Communications of the ACM, 2009, 52（10）：144-147.

［83］Chakravarty A, Liu Y, Mazumdar T. The differential effects of online word-of-mouth and critics' reviews on pre-release movie evaluation［J］. Journal of Interactive Marketing, 2010, 24（3）：185-197.

［84］Mudambi S M, Schuff D. What makes a helpful online review? A study of customer reviews on amazoncom［J］. MIS Quarterly, 2010, 34（1）：185-200.

［85］郝媛媛，叶强，李一军．基于影评数据的在线评论有用性影响因素研究［J］．管理科学学报，2010，13（8）：78-88+96.

［86］殷国鹏．消费者认为怎样的在线评论更有用？——社会性因素的影响效应［J］．管理世界，2012，12：115-124.

［87］杜学美，丁璟妤，谢志鸿等．在线评论对消费者购买意愿的影响研究［J］．管理评论，2016，28（3）：173-183.

［88］ Mellinas J P, Nicolau J L, Park S. Inconsistent behavior in online consumer reviews: The effects of hotel attribute ratings on location ［J］. Tourism Management, 2019, 71: 421-427.

［89］ 张继东, 蒋丽萍. 基于多模态深度学习的旅游评论反讽识别研究 ［J］. 情报理论与实践, 2022, 45 (7): 158-164.

［90］ Ladhari R, Michaud M. eWOM effects on hotel booking intentions, attitudes, trust, and website perceptions ［J］. International Journal of Hospitality Management, 2015, 46: 36-45.

［91］ Chang W L, Chen Y P. Way too sentimental? A credible model for online reviews ［J］. Information Systems Frontiers, 2019, 21 (2): 453-468.

［92］ Li X, Wu C, Mai F. The effect of online reviews on product sales: A joint sentiment-topic analysis ［J］. Information and Management, 2019, 56 (2): 172-184.

［93］ 江亿平, 张婷, 夏争鸣等. 基于在线评论情感分析模型的鲜果动态定价研究 ［J］. 管理学报, 2022, 19 (12): 1837-1846.

［94］ Hou T, Yannou B, Leroy Y, et al. Mining changes in user expectation over time from online reviews ［J］. Journal of Mechanical Design, 2019, 141 (9).

［95］ 沈超, 王安宁, 方钏等. 基于在线评论数据的产品需求趋势挖掘 ［J］. 中国管理科学, 2021, 29 (5): 211-220.

［96］ Fazzolari M, Petrocchi M A study on online travel reviews through intelligent data analysis ［J］. Information Technology and Tourism, 2018, 20 (1-4): 37-58.

［97］ Huang L, Dou Z, Hu Y, et al. Textual analysis for online reviews: A polymerization topic sentiment model ［J］. IEEE Access, 2019, 7 (c): 91940-91945.

［98］ Fang L. The effects of online review platforms on restaurant revenue, consumer learning, and welfare ［J］. Management Science, 2022, 68 (11): 8116-8143.

［99］ 蔡淑琴, 秦志勇, 李翠萍等. 面向负面在线评论的情感强度对有用性的影响研究 ［J］. 管理评论, 2017, 29 (2): 79-86.

［100］ Hu N, Zhang T, Gao B, et al. What do hotel customers complain about? Text analysis using structural topic model ［J］. Tourism Management, 2019, 72: 417-426.

［101］ Azer J, Alexander M J. Conceptualizing negatively valenced influencing behavior: Forms and triggers ［J］. Journal of Service Management, 2018, 29（3）: 468-490.

［102］ He Y, Ju I, Chen Q, et al. Managing negative word-of-mouth: The interplay between locus of causality and social presence ［J］. Journal of Services Marketing, 2020, 34（2）: 137-148.

［103］ 王阳, 王伟军, 刘智宇. 在线负面评论信息对潜在消费者购买意愿影响研究 ［J］. 情报科学, 2018, 36（10）: 156-163.

［104］ Lis B, Fischer M. Analyzing different types of negative online consumer reviews ［J］. Journal of Product and Brand Management, 2020, 29（5）: 637-653.

［105］ Qahri-Saremi H, Montazemi A R. Negativity bias in the diagnosticity of online review content: The effects of consumers' prior experience and need for cognition ［J］. European Journal of Information Systems, 2022: 1-18.

［106］ Le L H, Ha Q A. Effects of negative reviews and managerial responses on consumer attitude and subsequent purchase behavior: An experimental design ［J］. Computers in Human Behavior, 2021, 124: 106912.

［107］ Ye Q, Law R, Gu B, et al. The influence of user-generated content on traveler behavior: An empirical investigation on the effects of e-word-of-mouth to hotel online bookings ［J］. Computers in Human Behavior, 2011, 27（2）: 634-639.

［108］ Yan X, Wang J, Chau M. Customer revisit intention to restaurants: Evidence from online reviews ［J］. Information Systems Frontiers, 2015, 17（3）: 645-657.

［109］ Filieri R. What makes an online consumer review trustworthy? ［J］. Annals of Tourism Research, 2016, 58: 46-64.

［110］ 朱丽叶, 袁登华, 张静宜. 在线用户评论质量与评论者等级对消费者购买意愿的影响——产品卷入度的调节作用 ［J］. 管理评论, 2017, 29（2）:

87-96.

[111] Lee S, Choeh J Y. The interactive impact of online word-of-mouth and review helpfulness on box office revenue [J]. Management Decision, 2018, 56 (4): 849-866.

[112] Lee Y J, Keeling K B, Urbaczewski A. The economic value of online user reviews with Ad spending on movie box-office sales [J]. Information Systems Frontiers, 2019, 21 (4): 829-844.

[113] Watson J, Ghosh A P, Trusov M. Swayed by the numbers: The consequences of displaying product review attributes [J]. Journal of Marketing, 2018, 82 (6): 109-131.

[114] Rouliez P, Tojib D, Tsarenko Y. The influence of online review exposure on reviewers' intensity level of negative word of mouth [J]. Journal of Hospitality and Tourism Research, 2019, 43 (5): 712-733.

[115] Malik M S I, Hussain A. Exploring the influential reviewer, review and product determinants for review helpfulness [J]. Artificial Intelligence Review, 2020, 53 (1): 407-427.

[116] Bronner F, De Hoog R. Vacationers and eWOM: Who posts, and why, where, and what? [J]. Journal of Travel Research, 2010, 50 (1): 15-26.

[117] Ho Y C C, Wu J, Tan Y. Disconfirmation effect on online rating behavior: A structural model [J]. Information Systems Research, 2017, 28 (3): 626-642.

[118] Hussain S, Guangju W, Jafar R M S, et al. Consumers' online information adoption behavior: Motives and antecedents of electronic word of mouth communications [J]. Computers in Human Behavior, 2018, 80: 22-32.

[119] Duan Y, Chen C, Huo J. The impact of monetary rewards for online reviews [J]. Asia Pacific Journal of Marketing and Logistics, 2019, 31 (5): 1486-1515.

[120] 张文, 王强, 马振中等. 在线商品虚假评论发布动机及形成机理研究 [J]. 中国管理科学, 2022, 30 (7): 176-188.

［121］ Dichter E. How word-of-mouth advertising works ［J］. Harvard Business Review, 1966, 44: 147-166.

［122］ Engel J F, Kegerreis R J, Blackwell R D. Word-of-mouth communicationby the innovator ［J］. Journal of Marketing, 1969, 33: 15-19.

［123］ Sundaram D S, Mitra K, Webster C. Word-of-mouth communications: A motivational analysis ［J］. Advances in Consumer Research, 1998, 25 (1): 527-531.

［124］ Alexandrov A, Lilly B, Babakus E. The effects of social- and self-motives on the intentions to share positive and negative word of mouth ［J］. Journal of the Academy of Marketing Science, 2013, 41 (5): 531-546.

［125］ Hennig-Thurau T, Gwinner K P, Walsh G, et al. Electronic word-of-mouth via consumer-opinion platforms: What motivates consumers to articulate themselves on the Internet? ［J］. Journal of Interactive Marketing, 2004, 18 (1): 38-52.

［126］ Lovett M J, Renana P, Shachar R O N. On brands and word of mouth ［J］. Journal of Marketing Research, 2013, 50 (4): 427-444.

［127］ Clark R A, Goldsmith R E. Market mavens: Psychological influences ［J］. Psychology and Marketing, 2005, 22 (4): 289-312.

［128］ Wien A H, Olsen S O. Understanding the relationship between individualism and word of mouth: A self-enhancement explanation ［J］. Psychology & Marketing, 2014, 31 (6): 416-425.

［129］ Anderson E W. Customer satisfaction and word of mouth ［J］. Journal of Service Research, 1998, 1 (1): 5-17.

［130］ Dellarocas C, Narayan R. A statistical measure of a population's propensity to engage in post-purchase online word-of-mouth ［J］. Statistical Science, 2006, 21 (2): 277-285.

［131］ Dellarocas C, Gao G, Narayan R. Are consumers more likely to contribute online reviews for hit or niche products? ［J］. Journal of Management Information Systems, 2010, 27 (2): 127-158.

[132] Chen Y, Wang Q I, Xie J. Online social interactions: A natural experiment on word of mouth versus observational learning [J]. Journal of Marketing Research, 2011, 48 (2): 238-254.

[133] Berger J, Schwartz E M. What drives immediate and ongoing word of mouth? [J]. Journal of Marketing Research, 2011, 48 (5): 869-880.

[134] Shen W Q, Hu Y J, Ulmer J R. Competing for attention [J]. MIS Quarterly, 2015, 39 (3): 683-696.

[135] Feng J, Papatla P. Advertising: Stimulant or suppressant of online word of mouth? [J]. Journal of Interactive Marketing, 2011, 25 (2): 75-84.

[136] Liu J, Zhang H J, Sun J J, et al. How to prevent negative online customer reviews: The moderating roles of monetary compensation and psychological compensation [J]. International Journal of Contemporary Hospitality Management, 2020, 32 (10): 3115-3134.

[137] Bravo R, Catalán S, Pina J M. Gamification in tourism and hospitality review platforms: How to R. A. M. P. up users' motivation to create content [J]. International Journal of Hospitality Management, 2021, 99: 103064.

[138] Chen H N, Huang C Y. An investigation into online reviewers' behavior [J]. European Journal of Marketing, 2013, 47 (10): 1758-1773.

[139] Casidy R, Shin H. The effects of harm directions and service recovery strategies on customer forgiveness and negative word-of-mouth intentions [J]. Journal of Retailing and Consumer Services, 2015, 27: 103-112.

[140] Moe W W, Trusov M, Smith R H. The value of social dynamics in online product ratings forums [J]. Journal of Marketing Research, 2011, 48 (3): 444-456.

[141] Godes D, Silva J C. Sequential and temporal dynamics of online opinion [J]. Marketing Science, 2012, 31 (3): 448-473.

[142] Muchnik L, Aral S, Taylor S J. Social influence bias: A randomized experiment [J]. Science, 2013, 341 (6146): 647-651.

[143] Li H, Zhang Z, Meng F, et al. "When you write review" matters: The

interactive effect of prior online reviews and review temporal distance on consumers' restaurant evaluation [J]. International Journal of Contemporary Hospitality Management, 2019, 31 (3): 1273-1291.

[144] Li H, Meng F, Hudson S. Are hotel guests altruistic? How positive review disconfirmation affects consumers' online review behavior [J]. Journal of Hospitality and Tourism Research, 2023, 47 (3): 528-548.

[145] Lee Y J, Hosanagar K, Tan Y. Do I follow my friends or the crowd? Information cascades in online movie ratings [J]. Management Science, 2015, 61 (9):2241-2258.

[146] Zhang Z, Zhang Z, Yang Y. The power of expert identity: How website-recognized expert reviews influence travelers' online rating behavior [J]. Tourism Management, 2016, 55: 15-24.

[147] Pan X, Hou L, Liu K, et al. Do reviews from friends and the crowd affect online consumer posting behaviour differently? [J]. Electronic Commerce Research and Applications, 2018, 29: 102-112.

[148] Li X, Hitt L M. Self-selection and information role of online product reviews [J]. Information Systems Research, 2008, 19 (4): 456-474.

[149] Schlosser A E. Posting versus lurking: Communicating in a multiple audience context [J]. Journal of Consumer Research, 2005, 32 (2): 260-265.

[150] Li H, Meng F, Jeong M, et al. To follow others or be yourself? Social influence in online restaurant reviews [J]. International Journal of Contemporary Hospitality Management, 2020, 32 (3): 1067-1087.

[151] Goes P B, Lin M, Yeung C man A. "Popularity effect" in user-generated content: Evidence from online product reviews [J]. Information Systems Research, 2014, 25 (2): 222-238.

[152] Wang C, Zhang X, Hann I H. Socially nudged: A quasi-experimental study of friends' social influence in online product ratings [J]. Information Systems Research, 2018, 29 (3): 641-655.

[153] Kim J M, Lee E, Yoon Y. Bringing culture into the picture: Cross-cul-

tural differences in online customer reviews [J]. International Marketing Review, 2022, ahead-of-print (ahead-of-print).

[154] Huang N, Hong Y, Burtch G. Social network integration and user content generation: Evidence from natural experiments [J]. MIS Quarterly: Management Information Systems, 2017, 41 (4): 1035-1058.

[155] Wang Y, Goes P, Wei Z, et al. Production of online word-of-mouth: Peer effects and the moderation of user characteristics [J]. Production and Operations Management, 2019, 28 (7): 1621-1640.

[156] Banerjee S, Dellarocas C, Zervas G. Interacting user-generated content technologies: How questions and answers affect consumer reviews [J]. Journal of Marketing Research, 2021, 58 (4): 742-761.

[157] Proserpio D, Zervas G. Online reputation management: Estimating the impact of management responses on consumer reviews [J]. Marketing Science, 2017, 36 (5): 645-665.

[158] Wang Y, Chaudhry A. When and how managers? Responses to online reviews affect subsequent reviews [J]. Journal of Marketing Research, 2018, 55 (2): 163-177.

[159] Zhao K, Stylianou A C, Zheng Y. Sources and impacts of social influence from online anonymous user reviews [J]. Information and Management, 2018, 55 (1): 16-30.

[160] Liang S, Ye Q, Zhang X, et al. Motivation behind review provision in online travel communities: Do hometowner contributions matter? [J]. International Journal of Contemporary Hospitality Management, 2022, 34 (5): 1692-1716.

[161] Ke Z, Liu D, Brass D J. Do online friends bring out the best in us? The effect of friend contributions on online review provision [J]. Information Systems Research, 2020, 31 (4): 1322-1336.

[162] Tripathi S, Deokar A V., Ajjan H. Understanding the order effect of online reviews: A text mining perspective [J]. Information Systems Frontiers, 2021, 24 (6): 1971-1988.

［163］ Lan T, Feng X, Zeng Z. Effect of B&B host responses to online reviews on subsequent reviews: The moderating effects of class level ［J］. Tourism Review, 2022, 77 (4): 1097-1115.

［164］ Liu X, Ye Q, Nicolau J L, et al. The saturation effect in hotel managerial response ［J］. International Journal of Hospitality Management, 2022, 102: 103170.

［165］ Sheng J, Amankwah-Amoah J, Wang X, et al. Managerial responses to online reviews: A text analytics approach ［J］. British Journal of Management, 2019, 30 (2): 315-327.

［166］ Zhao Y, Wen L, Feng X, et al. How managerial responses to online reviews affect customer satisfaction: An empirical study based on additional reviews ［J］. Journal of Retailing and Consumer Services, 2020, 57: 102205.

［167］ Xu X, Zhao Y. Examining the influence of linguistic characteristics of online managerial response on return customers' change in satisfaction with hotels ［J］. International Journal of Hospitality Management, 2022, 102: 103146.

［168］ Lui T W, Bartosiak M, Piccoli G, et al. Online review response strategy and its effects on competitive performance ［J］. Tourism Management, 2018, 67: 180-190.

［169］ Chen Y, Jin W, Hu Y, et al. Does managerial response moderate the relationship between online review characteristics and review helpfulness? ［J］. Current Issues in Tourism, 2021, 25 (16): 2679-2694.

［170］ Xu Y, Li H, Law R, et al. Can receiving managerial responses induce more user reviewing effort? A mixed method investigation in hotel industry ［J］. Tourism Management, 2020, 77: 103982.

［171］ Deng T, Lee Y J, Xie K. Managers' responses to online reviews for improving firm performance: A text analytics approach ［J］. Communications of the Association for Information Systems, 2021: 1-33.

［172］ Liu S, Wang N, Gao B, et al. To be similar or to be different? The effect of hotel managers' rote response on subsequent reviews ［J］. Tourism Management, 2021, 86: 104346.

[173] Palese B, Piccoli G, Lui T W. Effective use of online review systems: Congruent managerial responses and firm competitive performance [J]. International Journal of Hospitality Management, 2021, 96: 102976.

[174] Ravichandran T, Deng C. Effects of managerial response to negative reviews on future review valence and complaints [J]. Information Systems Research, 2023, 34 (1): 319-341.

[175] Zhang X, Yang Y, Qiao S, et al. Responsive and responsible: Customizing management responses to online traveler reviews [J]. Journal of Travel Research, 2022, 61 (1): 120-135.

[176] 石文华, 龚雪, 张绮等. 在线初次评论与在线追加评论的比较研究 [J]. 管理科学, 2016, 29 (4): 45-58.

[177] 孙锐, 李星星. 矛盾性追评对消费者购买意愿的影响研究 [J]. 武汉大学学报 (哲学社会科学版), 2017, 70 (1): 75-86.

[178] 李琪, 任小静. 矛盾性追加评论对感知有用性的影响效应研究 [J]. 管理科学, 2017, 30 (4): 139-150.

[179] 王翠翠, 高慧. 含追加的在线评论有用性感知影响因素研究——基于眼动实验 [J]. 现代情报, 2018, 38 (12): 70-77+90.

[180] 石文华, 王璐, 绳娜等. 在线初次评论与在线追加评论对商品销量影响的比较研究 [J]. 管理评论, 2018, 30 (1): 144-153.

[181] 袁海霞, 白琳, 陈俊. 在线复合评论: "众口难调" "行合趋同" 抑或 "金无足赤" ——基率信息和偏好差异性的调节效应研究 [J]. 南开管理评论, 2019, 22 (6): 211-220.

[182] Yin H, Zheng S, Yeoh W, et al. How online review richness impacts sales: An attribute substitution perspective [J]. Journal of the Association for Information Science and Technology, 2021, 72 (7): 901-917.

[183] 王彦博, 闵庆飞, 林正奎. 在线评论同侪回应冲突中态度购买意向一致性 [J]. 科研管理, 2020, 41 (11): 173-181.

[184] Eiglier P, Langeard E. Services as systems: Marketing implications [J]. Marketing Consumer Services: New insights, 1977, 18: 83-103.

［185］ Martin C L, Pranter C A. Compatibility management: Customer-to-customer relationships in service environments ［J］. Journal of Services Marketing, 1989, 3 (3): 5-15.

［186］ Akaka M A, Vargo S L. Extending the context of service: From encounters to ecosystems ［J］. Journal of Services Marketing, 2015, 29 (6-7): 453-462.

［187］ Harris K, Baron S, Ratcliffe J. Customers as oral participants in a service setting ［J］. Journal of Services Marketing, 1995, 9 (4): 64-76.

［188］ Choi B, Kim H S. Customer-to-customer interaction quality, promotion emotion, prevention emotion and attitudinal loyalty in mass services ［J］. Journal of Service Theory and Practice, 2020, 30 (3): 257-276.

［189］ Baron S, Harris K. Toward an understanding of consumer perspectives on experiences ［J］. Journal of Services Marketing, 2010, 24 (7): 518-531.

［190］ Choi B, Kim H S. Online customer-to-customer interactions, customer-firm affection, firm-loyalty and participation intention ［J］. Asia Pacific Journal of Marketing and Logistics, 2020, 32 (8): 1717-1735.

［191］ Martin C L. Consumer-to-consumer relationships: Satisfaction with other consumers' public behavior ［J］. Journal of Consumer Affairs, 1996, 30 (1): 146-169.

［192］ Meyer A, Westerbarkey P. Incentive and feedback system tools for improving service quality ［C］. QUIS 3 Quality in Services Conference Proceedings, New York: International Service Quality Association, 1994: 301-314.

［193］ Lin H, Zhang M, Gursoy D. Impact of nonverbal customer-to-customer interactions on customer satisfaction and loyalty intentions ［J］. International Journal of Contemporary Hospitality Management, 2020, 32 (5): 1967-1985.

［194］ Harris K, Baron S, Parker C. Understanding the consumer experience: It's "Good To Talk" ［J］. Journal of Marketing Management, 2000, 16 (1-3): 111-127.

［195］ Li L P, Juric B, Brodie R J. Dynamic multi-actor engagement in networks: The case of United Breaks Guitars ［J］. Journal of Service Theory and Practice,

2017, 27 (4): 738-760.

[196] Nicholls R. What goes on between customers? A cross-industry study of customer-to-customer interaction (CCI) [J]. Journal of Service Theory and Practice, 2020, 30 (2): 123-147.

[197] Nicholls R. Other customer age: Exploring customer age-difference related CCI [J]. Journal of Services Marketing, 2015, 29 (4): 255-267.

[198] Albinsson P A, Yasanthi Perera B. Alternative marketplaces in the 21st century: Building community through sharing events [J]. Journal of Consumer Behaviour, 2012, 11 (4): 303-315.

[199] Moore R, Moore M L, Capella M. The impact of customer-to-customer interactions in a high personal contact service setting [J]. Journal of Services Marketing, 2005, 19 (7): 482-491.

[200] 王凤玲, 张广玲, 费显政. 顾客不当行为背景下互动质量对同属顾客体验和态度影响研究 [J]. 商业经济与管理, 2017, 10: 72-82.

[201] Jung J H, Yoo J J. Customer-to-customer interactions on customer citizenship behavior [J]. Service Business, 2017a, 11 (1): 117-139.

[202] Kim K, Baker M A. Paying it forward: The influence of other customer service recovery on future co-creation [J]. Journal of Business Research, 2020, 121 (April 2019): 604-615.

[203] Parker C, Ward P. An analysis of role adoptions and scripts during customer-to-customer encounters [J]. European Journal of Marketing, 2000, 34 (3-4): 341-359.

[204] Heinonen K, Jaakkola E, Neganova I. Drivers, types and value outcomes of customer-to-customer interaction: An integrative review and research agenda [J]. Journal of Service Theory and Practice, 2018, 28 (6): 710-732.

[205] Yoo J J, Arnold T J, Frankwick G L. Effects of positive customer-to-customer service interaction [J]. Journal of Business Research, 2012, 65 (9): 1313-1320.

[206] 刘容, 于洪彦. 在线品牌社区顾客间互动对顾客愉悦体验的影响

［J］. 管理科学, 2017, 30（6）: 130-141.

［207］Bacile T J, Krallman A, Wolter J S, et al. The value disruption of uncivil other-customers during online service recovery ［J］. Journal of Services Marketing, 2020, 34（4）: 483-498.

［208］Ji M, Wong I K A, Eves A, et al. A multilevel investigation of China's regional economic conditions on co-creation of dining experience and outcomes ［J］. International Journal of Contemporary Hospitality Management, 2018, 30（4）: 2132-2152.

［209］Altinay L, Song H, Madanoglu M, et al. The influence of customer-to-customer interactions on elderly consumers' satisfaction and social well-being ［J］. International Journal of Hospitality Management, 2019, 78: 223-233.

［210］Johnson D, Limbu Y B, Jayachandran C, et al. Climbing the down escalator: When customer-to-customer interaction may not be helping service firms ［J］. European Journal of Marketing, 2019, 53（11）: 2348-2372.

［211］Heinonen K, Strandvik T, Mickelsson K J, et al. A customer-dominant logic of service ［J］. Journal of Service Management, 2010, 21（4）: 531-548.

［212］Paker N, Gök O. The influence of perceived risks on yacht voyagers' service appraisals: Evaluating customer-to-customer interaction as a risk dimension ［J］. Journal of Travel and Tourism Marketing, 2021, 38（6）: 582-596.

［213］Sithole N, Sullivan Mort G, D'Souza C. Financial well-being of customer-to-customer co-creation experience: A comparative qualitative focus group study of savings/credit groups ［J］. International Journal of Bank Marketing, 2021, 39（3）: 381-401.

［214］邱琪, 郑秋莹, 姚唐. 顾客间互动影响服务品牌象征价值的心理机制 ［J］. 心理科学进展, 2015, 23（6）: 937-945.

［215］张静, 马跃如, 黄尧. 社会化商务中顾客间互动对顾客品牌契合的影响 ［J］. 财经理论与实践, 2022, 43（5）: 138-145.

［216］Choo H, Petrick J F. Social interactions and intentions to revisit for agritourism service encounters ［J］. Tourism Management, 2014, 40: 372-381.

［217］Van Tonder E, Saunders S G, Mwavita M, et al. Customer helping and advocacy behaviours within dyadic financial service relationships: A gift‐giving perspective ［J］. International Journal of Bank Marketing, 2022, 40 (2): 221-241.

［218］Bandura A, Walters R H. Social learning theory ［M］. Englewood Cliffs: Prentice Hall, 1977.

［219］Bandura A. Human agency in social cognitive theory ［J］. American Psychologist, 1989, 44 (9): 1175-1184.

［220］Miller B, Morris R G. Virtual peer effects in social learning theory ［J］. Crime and Delinquency, 2016, 62 (12): 1543-1569.

［221］李宇佳, 张向先, 陈为东. 学术新媒体用户社会化阅读行为的生成机理研究 ［J］. 现代情报, 2021, 41 (5): 95-103.

［222］王凯, 武立东, 薛佳安等. "萧规曹随"还是"弃旧图新": 前任CEO 离职去向对国有企业战略变革的影响 ［J］. 管理评论, 2022, 34 (10): 222-234.

［223］Skinner B F. Contingencies of reinforcement in the design of a culture ［J］. Behavioral Science, 1966, 11 (3): 159-166.

［224］田岩. 激励强化理论与职业道德建设探索 ［J］. 山西财经大学学报, 2011, 33 (1): 131-132.

［225］Lee D, Seo H, Jung M W. Neural basis of reinforcement learning and decision making ［J］. Annual Review of Neuroscience, 2012, 35 (1): 287-308.

［226］邓芳, 张馨予, 郭羽熙等. 驾驶风险规避行为的塑造: 来自强化理论的解决思路 ［J］. 应用心理学, 2022, 28 (6): 566-576.

［227］Latané B. The psychology of social impact ［J］. American Psychologist, 1981, 36 (4): 343-356.

［228］Gerber A S, Green D P, Larimer C W. Social pressure and voter turnout: Evidence from a large‐scale field experiment ［J］. American Political Science Review, 2008, 102 (1): 33-48.

［229］Mann C B. Is there backlash to social pressure? A large‐scale field experiment on voter mobilization ［J］. Political Behavior, 2010, 32 (3): 387-407.

［230］Panagopoulos C. Positive social pressure and prosocial motivation：Evidence from a large-scale field experiment on voter mobilization ［J］. Political Psychology，2013，34（2）：265-275.

［231］任月君，郝泽露. 社会压力与环境信息披露研究 ［J］. 财经问题研究，2015，378（5）：88-95.

［232］李晴蕾，王怀勇. 社会压力与决策角色对不同人际敏感性个体助人决策的影响 ［J］. 心理科学，2019，42（3）：626-632.

［233］Simon D, Snow C J, Read S J. The redux of cognitive consistency theories：Evidence judgments by constraint satisfaction ［J］. Journal of Personality and Social Psychology，2004，86（6）：814-837.

［234］Osgood C E, Tannenbaum P H. The pringciple congruity in the prediction of attitude change ［J］. Psychological Review，1955，62（1）：42-55.

［235］Tannenbaum P H, Norris E L. Effect of combining congruity principle strategies for the reduction of persuasion ［J］. American Sociological Association，1965，28（2）：145-157.

［236］Walther J B, Liang Y, Ganster T, et al. Online reviews, helpfulness ratings, and consumer attitudes：An extension of congruity theory to multiple sources in Web 2.0 ［J］. Journal of Computer-Mediated Communication，2012，18（1）：97-112.

［237］Jonas K, Diehl M, Brömer P. Effects of attitudinal ambivalence on information processing and attitude-intention consistency ［J］. Journal of Experimental Social Psychology，1997，33（2）：190-210.

［238］Wang H, Batra R, Chen Z. The moderating role of dialecticism in consumer responses to product information ［J］. Journal of Consumer Psychology，2016，26（3）：381-394.

［239］Nguyen J, Ferraro C, Sands S. Similarity over difference：How congruency in customer characteristics drives service experiences ［J］. Journal of Business Research，2020，121：592-603.

［240］Akhtar N, Sun J, Chen J, et al. The role of attitude ambivalence in conflicting online hotel reviews [J]. Journal of Hospitality Marketing and Management, 2020, 29 (4): 471-502.

[241] Higgins E T, Nakkawita E, Rossignac-Milon M, et al. Making the right decision: Intensifying the worth of a chosen option [J]. Journal of Consumer Psychology, 2020, 30 (4): 712-732.

[242] Lu X, Ba S, Huang L, et al. Promotional marketing or word-of-mouth? Evidence from online restaurant reviews [J]. Information Systems Research, 2013, 24 (3): 596-612.

[243] Floyd K, Freling R, Alhoqail S, et al. How online product reviews affect retail sales: A meta-analysis [J]. Journal of Retailing, 2014, 90 (2): 217-232.

[244] Luca M, Zervas G. Fake it till you make it: Reputation, competition, and yelp review fraud [J]. Management Science, 2016, 62 (12): 3412-3427.

[245] Ye Q, Law R, Gu B. The impact of online user reviews on hotel room sales [J]. International Journal of Hospitality Management, 2009, 28 (1): 180-182.

[246] Hu M M, Yang S, Xu D Y. Understanding the social learning effect in contagious switching behavior [J]. Management Science, 2019, 65 (10): 4771-4794.

[247] Kaustia M, Rantala V. Social learning and corporate peer effects [J]. Journal of Financial Economics, 2015, 117 (3): 653-669.

[248] Schamari J, Schaefers T. Leaving the home turf: How brands can use webcare on consumer-generated platforms to increase positive consumer engagement [J]. Journal of Interactive Marketing, 2015, 30: 20-33.

[249] Ashenfelter O, Card D. Using the longitudinal structure of earnings to estimate the effect of training programs [J]. Review of Economics and Statistics, 1985, 67 (4): 648-660.

[250] Kim Y R, Liu A. Social distancing, trust and post-COVID-19 recovery [J]. Tourism Management, 2022, 88: 104416.

[251] Pavlou P A, Dimoka A. The nature and role of feedback text comments in

online marketplaces: Implications for trust building, price premiums and seller differentiation [J]. Information Systems Research, 2006, 17 (4): 392-414.

[252] Sharma P, Jain K, Kingshott R P J, et al. Customer engagement and relationships in multi-actor service ecosystems [J]. Journal of Business Research, 2020, 121: 487-494.

[253] Colm L, Ordanini A, Parasuraman A. When service customers do not consume in Isolation: A typology of customer copresence influence modes (CCIMs) [J]. Journal of Service Research, 2017, 20 (3): 223-239.

[254] Vana P, Lambrecht A. The effect of individual online reviews on purchase likelihood [J]. Marketing Science, 2021, 40 (4): 708-730.

[255] Luca M. Reviews, reputation, and revenue: The case of yelp com [J]. Harvard Business School NOM Unit Working Paper, 2016: 1-41.

[256] Öğüt H, Onur Taş B K. The influence of internet customer reviews on the online sales and prices in hotel industry [J]. Service Industries Journal, 2012, 32 (2): 197-214.

[257] Yacouel N, Fleischer A. The role of cybermediaries in reputation building and price premiums in the online hotel market [J]. Journal of Travel Research, 2012, 51 (2): 219-226.

[258] Sunder S, Kim K H, Yorkston E A. What drives herding behavior in online ratings? The role of rater experience, product portfolio, and diverging opinions [J]. Journal of Marketing, 2019, 83 (6): 93-112.

[259] Kim H, Lee Y, Park K. The psychology of queuing for self-service: Reciprocity and social pressure [J]. Administrative Sciences, 2018, 8 (4): 75.

[260] Zhang X, Qiao S, Yang Y, et al. Exploring the impact of personalized management responses on tourists' satisfaction: A topic matching perspective [J]. Tourism Management, 2020, 76: 103953.

[261] Yan L, Wang X. Why posters contribute different content in their positive online reviews: A social information-processing perspective [J]. Computers in Human Behavior, 2018, 82: 199-216.

［262］Dolan R, Seo Y, Kemper J. Complaining practices on social media in tourism: A value co-creation and co-destruction perspective ［J］. Tourism Management, 2019, 73: 35-45.

［263］Wetzer I M, Zeelenberg M, Pieters R. "Never eat in that restaurant, I did!": Exploring why people engage in negative word-of-mouth communication ［J］. Psychology and Marketing, 2007, 24 (8): 661-680.

［264］Pfeffer J, Zorbach T, Carley K M. Understanding online firestorms: Negative word-of-mouth dynamics in social media networks ［J］. Journal of Marketing Communications, 2014, 20 (1-2): 117-128.

［265］Labrecque L I. Fostering consumer-brand relationships in social media environments: The role of parasocial interaction ［J］. Journal of Interactive Marketing, 2014, 28 (2): 134-148.

［266］Sparks B A, So K K F, Bradley G L. Responding to negative online reviews: The effects of hotel responses on customer inferences of trust and concern ［J］. Tourism Management, 2016, 53: 74-85.

［267］Jin L, Hu B, He Y. The recent versus the out-dated: An experimental examination of the time-variant effects of online consumer reviews ［J］. Journal of Retailing, 2014, 90 (4): 552-566.

［268］刘宪立, 赵昆. 在线评论有用性关键影响因素识别研究 ［J］. 现代情报, 2017, 37 (1): 94-99+105.

［269］Angrist J D, Pischke J S. Mostly harmless econometrics: An empiricist's compa Angrist ［M］. Princeton: Princeton University Press.

［270］Xu Y, Yap S F C, Hyde K F. Who is talking, who is listening? Service recovery through online customer-to-customer interactions Introduction ［J］. Marketing Intelligence & Planning, 2016, 34 (3): 421-443.

［271］Guo F, Chen J H, Li M M, et al. How do expert reviews and consumer reviews affect purchasing decisions? An event-related potential study ［J］. Journal of Neuroscience Psychology and Economics, 2022, 15 (2): 101-118.

［272］Purnawirawan N, Dens N, de Pelsmacker P. Balance and sequence in online reviews: The wrap effect [J]. International Journal of Electronic Commerce, 2012, 17 (2): 71-98.

［273］严建援, 李扬, 冯淼等. 用户问答与在线评论对消费者产品态度的交互影响 [J]. 管理科学, 2020, 33 (2): 102-113.

［274］Pang J, Keh H T, Li X, et al. "Every coin has two sides": The effects of dialectical thinking and attitudinal ambivalence on psychological discomfort and consumer choice [J]. Journal of Consumer Psychology, 2017, 27 (2): 218-230.

［275］Asch S E. Studies of independence and conformity: I. A minority of one against a unanimous majority [J]. Psychological Monographs: General and Applied, 1956, 70 (9): 1-70.

［276］Pasternak O, Veloutsou C, Morgan-Thomas A. Self-presentation, privacy and electronic word-of-mouth in social media [J]. Journal of Product & Brand Management, 2017, 26 (4): 415-428.

［277］Moon S, Bergey P K, Iacobucci D. Dynamic effects among movie ratings, movie revenues, and viewer satisfaction [J]. Journal of Marketing, 2010, 74 (1): 108-121.

［278］Zhu F, Zhang X. Impact of online consumer reviews on sales: The moderating role of product and consumer characteristics? [J]. Journal of Marketing, 2010, 74 (2): 133-148.

［279］Williams P, Aaker J L. Can mixed emotions peacefully coexist? [J]. Journal of Consumer Research, 2002, 28 (4): 636-649.

［280］Hwang Y H, Choi S, Mattila A S. The role of dialecticism and reviewer expertise in consumer responses to mixed reviews [J]. International Journal of Hospitality Management, 2018, 69: 49-55.

［281］Khatoon S, Rehman V. Negative emotions in consumer brand relationship: A review and future research agenda [J]. International Journal of Consumer Studies, 2021, 45 (4): 719-749.

［282］Chintagunta P K, Gopinath S, Venkataraman S. The effects of online user reviews on movie box office performance: Accounting for sequential rollout and aggregation across local markets [J]. Marketing Science, 2010, 29 (5): 944-957.

[283] Wu Y Y, Liu T J, Teng L F, et al. The impact of online review variance of new products on consumer adoption intentions [J]. Journal of Business Research, 2021, 136: 209-218.

[284] Zhu Y, Liu M, Zeng X, et al. The effects of prior reviews on perceived review helpfulness: A configuration perspective [J]. Journal of Business Research, 2020, 110: 484-494.

[285] Herr P M, Kardes F R, Kim J. Effects of word-of-mouth and product-attribute information on persuasion: An accessibility-diagnosticity perspective [J]. Journal of Consumer Research, 1991, 17 (4): 454-462.

[286] Forman C, Ghose A, Wiesenfeld B. Examining the relationship between reviews and sales: The role of reviewer identity disclosure in electronic markets [J]. Information Systems Research, 2008, 19 (3): 291-313.

[287] Petrocelli J V, Tormala Z L, Rucker D D. Unpacking attitude certainty: Attitude clarity and attitude correctness [J]. Journal of Personality and Social Psychology, 2007, 92 (1): 30-41.

[288] Lee J. What makes people read an online review? the relative effects of posting time and helpfulness on review readership [J]. Cyberpsychology Behavior and Social Networking, 2013, 16 (7): 529-535.

[289] Hu F. What makes a hotel review helpful? An information requirement perspective [J]. Journal of Hospitality Marketing and Management, 2020, 29 (5): 571-591.

[290] Hu F, Trivedi R H. Mapping hotel brand positioning and competitive landscapes by text-mining user-generated content [J]. International Journal of Hospitality Management, 2020, 84: 102317.

[291] Duverger P. Curvilinear effects of user-generated content on hotels' market share: A dynamic panel-data analysi [J]. Journal of Travel Research, 2013, 52 (4): 465-478.